Joh. Bap. Deuber

Geschichte der Stadt Forchheim

Erlös für eine arme Familie

Joh. Bap. Deuber

Geschichte der Stadt Forchheim
Erlös für eine arme Familie

ISBN/EAN: 9783743319417

Hergestellt in Europa, USA, Kanada, Australien, Japan

Cover: Foto ©ninafisch / pixelio.de

Manufactured and distributed by brebook publishing software (www.brebook.com)

Joh. Bap. Deuber

Geschichte der Stadt Forchheim

Geschichte

der

Stadt Forchheim.

Von

Joh. Bapt. Deuber,
Kaplan zu Forchheim.

Erlös für eine arme Familie.

Forchheim 1867.
Druck und Verlag von A. F. Streit.

An die verehrten Leser.

Vorliegendes Schriftchen soll keinen anderen Zweck haben, als den Bewohnern Forchheims und der Umgegend, sowie Geschichtsfreunden eine kurze historische Beschreibung der Stadt Forchheim vorzuführen. Dieselbe basirt auf einer ziemlichen Anzahl von Urkunden aus der Pfarrregistratur, welche noch nie gedruckt wurden und welche ich hiemit der Oeffentlichkeit übergebe, sowie auch auf Notizen aus größeren Werken tüchtiger Geschichtsforscher.

Das Ganze ist abgefaßt in populärer Darstellung an der Hand der Weltgeschichte.

Zum Schlusse sind noch einige Sagen der Stadt beigefügt.

Forchheim, am 3. März 1867.

Der Verfasser.

Quellen.

Urkunden und Akten der Pfarr-Registratur. — Gfrörer, Gregor VII. — Jäck, Geschichte der Stadt Bamberg. — Haas, Geschichte des Slavenlandes. — Döllinger, Reformationsgeschichte. — A. Menzel, Geschichte der Deutschen. — Repertorium des topographischen Atlasblattes Forchheim. — Waiz, Jahrbücher des deutschen Reiches.

Die Römerzeit.

Wie ein Jeder, welcher nur etwas in der Weltgeschichte bewandert ist, weiß, waren die Römer die Welteroberer. Sie hatten sich einen großen Theil der alten Welt unterworfen. Sie beherrschten viele Länder in Asien, Afrika und Europa. In Europa hatten sie die Herrschaft erlangt in Spanien, Frankreich, England und auch in deutschen Gegenden, besonders am Rheine und an der Donau. Nie gelang es ihnen aber, ganz Deutschland zu unterjochen; denn die alten Deutschen waren ein naturwüchsiges Volk, dessen liebste Beschäftigung Waffenübung und Jagd war. Sie machten den Römern viel zu schaffen und brachten ihnen gar manche Niederlage bei. Den Hauptsieg aber errangen sie im Teutoburger Wald im Jahre 9 n. Chr. Sie vernichteten 3 Legionen und mehrere Reiter Cohorten Römer; nahe an 40,000 Mann Kerntruppen fanden da ihren Tod. Varus, ihr Feldherr, stürzte sich aus Verzweiflung in sein eigenes Schwert; große Bestürzung brachte diese Trauernachricht in Rom, besonders im kaiserlichen Palaste hervor; der Kaiser Augustus war darüber ein paar Tage untröstlich. „Varus", rief er öfter und voll Schmerz, „Varus, gib mir meine Legionen wieder!" — Wären die Deutschen immer einig gewesen, die Römer hätten nie in Deutschland festen Fuß gefaßt; allein der

Hauptfehler der Deutschen war, wie jetzt noch, so damals schon — Uneinigkeit. So drangen die Römer mit Hilfe deutscher Volksstämme in Deutschland vor. Hatten aber die Römer ein Stück Land erobert, so war ihr erstes Augenmerk darauf gerichtet, Städte und Straßen zu erbauen. Die alten Deutschen hatten keine Städte: sie hätten sich darin beengt gefühlt als Freiheit liebendes Volk. Die Römer aber legten Städte an wie Cöln, Mainz, Augsburg, und bauten schöne Straßen. Diese Straßen waren aufgedämmt, gewöhnlich gepflastert und mit Meilenzeigern versehen, auf welchen die Entfernung von der Hauptstadt Rom stand. Heute noch können wir die Ueberreste der schönen Römerstraße, welche aus Italien nach Salzburg und von da nach Augsburg führte, wahrnehmen und deren feste Bauart bewundern. Da die Römer in Augsburg eine feste Ansiedlung hatten, und Augsburg nur einige Tagereisen von Forchheim entfernt liegt, so ist mit Wahrscheinlichkeit anzunehmen, daß die Römer auch in Forchheims Gegend vordrangen. Sind ja heute noch Spuren von ihrer frühern Anwesenheit vorhanden; zwischen Burk und Hausen führt jetzt noch ein Wald den Namen „Pilatuswald", ein Acker den Namen „Pilatusacker", eine Wiese den Namen „Pilatuswiese", und Pilatus ist ein römischer Name. Geschichtl. Anhaltspunkte fehlen.

§. 2.
Ansiedlung der Slaven in Forchheims Gegend im 7. Jahrhunderte.

Im 5. und 6. Jahrhunderte war in Deutschland, ja beinahe in ganz Europa die große Völkerwanderung. Im 5. Jahrhunderte kam aus Asien ein Volk, welches 600,000 Mann gezählt haben soll — es waren die fürchterlichen Hunnen. Diese rissen wie eine wilde Wasserfluth Alles mit sich fort. Wer Widerstand leistete, wurde zusammengehauen; wer sich unterwarf, mußte sich ihnen anschließen und mit ihnen ziehen und kämpfen. Nachdem sich diese gefürchteten Hunnen wieder in die Theißgegenden Ungarns zurückgezogen hatten, kehrte dennoch die Ruhe nicht wieder, sondern es erging den deutschen Völkern wie einem Schiffe, das der Sturmwind vom Anker losgerissen hat und das ohne Steuerruder von den tobenden Wellen hin- und hergeworfen wird. Kein deutsches Volk hatte darum in diesen Jahrhunderten bleibende Wohnsitze. Die Geschichte meldet, daß im 6. Jahrhunderte das Thüringsche Reich, das sich auch über einen Theil von Franken erstreckte, dem gewaltigen Angriffe der Franken unterlag. Die von den besiegten Thüringern verlassenen Landstriche wurden bald von slavischen Völkern, besonders von den W e n d e n, besetzt, welche den Distrikt von dem Maine bei Würzburg bis an die fränkische Saale (Strecke zwischen Würzburg, Bamberg, Bayreuth) bewohnten. So ließen sich diese Slaven auch in der Regnitzgegend, somit in Forchheimer Gegend, nieder, weßwegen man Mainslaven und Regnitzslaven unterschied. Noch manche Fluß-, Städte- und Dorf-Namen weisen auf diese Slaven hin, z. B. die Silben „itz, schletten" sind slavische Endsilben, daher: Regnitz, Scheßlitz, Dormitz, Kirchschletten, Windischschletten (wendisch = schletten).

Es lebten somit in unseren Gegenden:
1) Franken, welche, wie oben schon gesagt wurde, die Thüringer vertrieben. Diese Franken beförderten den Anbau des Landes durch Ausreutung der Wälder; daher die häufigen Benennungen auf: reuth und lohe.
2) Wenden oder Slaven, und
3) Sachsen, von denen im §. 5 die Rede sein wird.

§. 3.
Religion und Beschäftigung der Slaven.

Die Slaven verehrten als Heiden viele Gottheiten, wie: den weißen (guten) Gott, den schwarzen (bösen) Gott, den Donnergott, den Kriegsgott, den Gott der Gerechtigkeit, die Göttin der Wälder, die Göttin des Todes u. s. w. Sie hatten Priester, heil. Haine und Tempel. Die Opfer, welche den Göttern gebracht wurden, waren meist unblutig. Bei den Opferfesten ging es häufig sehr ausgelassen und unmäßig zu. Die Todten wurden verbrannt und die Asche in Urnen aufbewahrt. Die Slaven waren ein fleißiges, ackerbautreibendes Volk; ihre erste Aufgabe, als sie sich in diesen Gegenden niederließen, war, die Wildniß urbar zu machen und den Boden in fruchtbares Ackerland umzuwandeln. Sie verstanden auch einige Künste und Handwerke. — In ihrer Kleidung liebten sie viele farbige herabhängende Bänder; diese Sitte hat sich bis heute bei den weiblichen Landbewohnern der Umgegend erhalten, sowie diese Bänder auf dem Hute des ländlichen Brautführers. Es gibt noch heute in Europa viele Slaven: so die 51 Millionen Russen, 3½ Mill. Bulgaren, 1 Mill. Croaten, 4½ Mill. Czechen, 2½ Mill. Slowaken. Wer kennt nicht die slowakischen Mausfallenhändler mit ihrer auffallenden Tracht — kurzen braunen Röcken, kleinen schwarzen Hütchen? — Es sind Slaven.

§. 4.
Entstehung Forchheims.

In welchem Jahre Forchheim erbaut wurde, kann Niemand mit Bestimmtheit angeben; zum ersten Male kommt dieser Name in einer Urkunde im Jahre 741 vor, und wird darin als Grenzort zwischen Würzburger und Eichstätter Gebiet bezeichnet. Viele suchen sich den Namen Forchheim als gleichbedeutend mit Forellenheim zu erklären, da Forelle im altdeutschen Forche heißt und in dem Wiesentflusse viele Forellen zu finden sind. So viel ist erwiesen, daß Forchheim schon im 13. Jahrh. zwei Forellen im rothen Felde als Wappen führte. In den alten Urkunden und geschichtlichen Quellen wird es verschieden genannt: Foraheim, Fornachheim, Forrnheim, Forchena, Vorchaimb.

§. 5.
Errichtung von Slavenkirchen um das Jahr 800.

Nachdem Karl der Große 10,000 sächsische Familien in fränkische Gegenden versetzt hatte, so ließ er sie zum Theil zwischen dem Main und der Regnitz in jenen Gegenden ansiedeln, welche die Slaven angefangen hatten, urbar zu machen. Heute noch führen manche Dörfer Namen, welche auf die Sachsen hinweisen: wie Sassendorf (Sachsendorf), Sassanfahrt (Sachsen an der Fahrt), Waldsassen (Waldsachsen).

Hierauf gab Karl d. Gr. dem Bischofe Bernwelf zu Würzburg den Auftrag, in dieser Gegend *) 14 Kirchen zu erbauen und für Priester zu sorgen; allein der im Jahre 800 erfolgte Tod des Bernwelf verhinderte die Vollendung des Auftrages; der Bau dieser Slavenkirchen fällt darum mehr in die Periode der nachfolgenden Bischöfe Lenterich, Egilwart und Wolfger zwischen 801 und 830. Auf solche Weise kam die Main- und Regnitz-Gegend zum Bisthum Würzburg. An welchen Orten diese 14 Slavenkirchen erbaut wurden, läßt sich nicht genau angeben.

Eine Slavenkirche ist geschichtlich bekannt, nämlich Hallestadt im Radenzgau (halezestatt in ratenzovue). Hall hieß im altdeutschen so viel als Zoll; Hallstadt so viel als Zollstadt, weil da die Zölle bezahlt werden mußten; überhaupt ist Hallstadt älter als Bamberg, und Hallstadt war schon ein bedeutender Ort, während Bamberg einige Häuser zählte.

Sicher ward in Forchheim auch eine Slavenkirche erbaut, weil sich viele Slaven angesiedelt hatten und weil Karl der Große diesen Ort liebte und da eine Königspfalz hatte; wurde ja im Jahre

---

*) In terra Slavorum, qui stant inter Moinum et Radanziam, fluvios, qui vocantur Moinwinidi et Radanzwinidi.

823 der Bau einer Kirche dahier vollendet, wovon im §. 7 die Rede sein wird.

§. 6.
Forchheim, eine Königspfalz seit 805.

Im Jahre 805 wird Forchheim von Karl d. Gr. in seinem Capitulare erwähnt, worin es bei der Beschreibung der Handelsstraße aus den Ländern der Slaven und Avaren als ein Hauptstapelplatz auf der Handelsstraße von Bardewick nach Ragenisburg genannt wird. In demselben Capitulare wird die Stadt Curtis regia, villa regia, Palatium regium — Königspfalz genannt. Solcher Pfalzen hatte Karl in seinem großen Reiche 128. Pfalz kommt her von palatium — Palast, also Königspfalz so viel als Königspalast. Diese Königsburgen waren gewöhnlich zu einiger Sicherheit mit einem Graben umgeben, was wir auch heute noch dahier sehen können. Es kann diese Königspfalz dahier schon früher diese Bestimmung gehabt haben, und vielleicht schon unter dem Vater Karl des Großen, unter Pipin, oder noch früher schon gebaut worden sein, denn dieser Bau ist, wie später davon die Rede sein wird, uralt. An diese Königshöfe mußte die Steuer entrichtet werden. Und wenn Karl d. Gr. sich auf einen Königshof begab, so soll man ja nicht glauben, daß er sich da nur aufhielt, um sich dem Vergnügen zu widmen und große Jagden zu halten, sondern er wollte auch, da die Wünsche und Anliegen des Volkes kennen lernen, und er hörte die Beschwerden seiner ärmsten Unterthanen mit eben der Aufmerksamkeit an, wie er die wichtigsten Amts=

führungen der Gaugrafen untersuchte. Ueberall, wo er übernachtete und Gericht hielt, ließ er eine Glocke bei seinem Schlafgemache anbringen, von welcher der Strang bis herab auf die Erde hing; hier stand eine Wache, die Jedem, wer er auch immer war, der eine Beschwerde oder ein Anliegen bei ihm vorbringen wollte, das Ziehen der Glocke gestatten mußte, worauf derselbe, um welche Stunde der Nacht es auch war, Zutritt zum Könige hatte und Gehör und Hilfe fand.

§. 7.
Forchheim unter den Carolingern.

Wie gerne die Carolingischen Könige sich in der Königspfalz Forchheim aufhielten, geht daraus hervor, daß dahier von ihnen viele **Reichsversammlungen** abgehalten wurden, wie 855, 858, 871 bis 872 und 979. Der König legte auf diesen Versammlungen entweder in eigner Person oder durch einen Stellvertreter die zu berathenden Gegenstände vor. Die Versammlung der Stände zerfiel in 2 Curien: eine geistliche und eine weltliche, in deren jeder besonders verhandelt wurde. Alles, worin beide Curien zu einem gemeinschaftlichen Beschlusse sich einigten, wurde sodann dem Könige zur Bestätigung vorgelegt. Das vom Könige bestätigte Capitulare oder Gesetz wurde hierauf von allen Anwesenden unterschrieben und den betreffenden Beamten zur Vollziehung übergeben.

823 vollendet König Ludwig der Fromme den Bau der von seinem Vater Karl d. Gr. begonnenen

Pfarrkirche (Slavenkirche), und dotirt sie mit zwei
Gütern nud den dazu gehörigen Zinsbauern.

872 beschließt Ludwig der Deutsche zu
Forchheim, daß die Thüringer und Sachsen gegen
die Mähren ziehen sollten, weil diese sich wider=
spänstig gezeigt hatten und unabhängig sein wollten.
Als der mährische Herzog Zwentibold von den Zu=
rüstungen hörte, und das Heer sich seinem Lande
näherte, da schickte er 874 Gesandte nach Forch=
heim, welche um Frieden baten und dem Könige
Ludwig nebst eines jährlichen Tributes Treue ver=
sprachen; aber Zwentibold hielt sein Wort nicht,
so daß König Arnulph die Ungarn zu Hilfe rief
und das Mährenreich zertrümmerte.

879 feierte Ludwig III. dahier Weihnachten.

887 war König Arnulph hier, wo er am
11. Dezember zwei Urkunden ausfertigte. Durch
eine bestätigte er alle Besitzungen und Freiheiten
des Klosters Fuld, und durch die andere die Pri=
vilegien von Corvey und Herford; überhaupt war
Arnulph häufig in Forchheim und hielt da 889,
890, 892 und 896 Reichsversammlungen.

890 ist die Pfarrkirche zum heil. Martin be=
kannt, und es wurde eine Kirchenversamm=
lung dahier abgehalten, welcher 2 Erzbischöfe,
Mainzer Erzbischof Sünderhold und Hermann von
Köln, 14 Bischöfe und 5 Aebte beiwohnten. Der
Zweck der Versammlung war Berathung über
Mittel zur erfolgreicheren Bekehrung der angesiedelten
Slaven.

897 ließ Arnulph als Kaiser die kaiserlichen
Insignien, welche in goldenem Scepter, goldener

Krone, Speer und Schwert bestanden, dahier aufbewahren; ein Beweis, daß diese Königspfalz schon damals theilweise befestigt sein und einige Sicherheit bieten mußte, sonst hätte man diese Kostbarkeiten nicht daselbst aufbewahrt.

§. 8.
Ludwig das Kind wird zum König gewählt im Jahre 900.

Nachdem Arnulph 899 gestorben war, kamen die Großen Deutschlands in Forchheim zusammen und wählten den rechtmäßigen, kaum 7 Jahre alten Sohn Arnulph's, nämlich Ludwig zum Könige, welcher auch sogleich dahier gekrönt und mit den königlichen Ehrenzeichen versehen wurde. Aber wie es so geht, wenn die Regierung in schwachen Händen liegt, keiner wollte mehr gehorchen. Jeder Herzog und Graf im deutschen Reiche wollte in seinem Bezirke befehlen und regieren und keinen Anderen als Oberherrn anerkennen. Es brachen darum innere Kriege in Deutschland aus. Dies benutzten die wilden Ungarn, drangen 908 durch Bayern und Schwaben über den Rhein, kamen auch in Forchheims Gegenden und hausten furchtbar. Die Männer wurden erschlagen oder mit Riemen zusammengekoppelt weiter getrieben; Mädchen und Weiber wurden mit den Haaren truppweise zusammengebunden und in die Sklaverei geführt. Schon im Jahre 911 beschloß Ludwig das Kind, der letzte der Karolinger, sein mattes Leben.

§. 9.
Forchheim in den Jahren 911 bis 1009.

Im Anfange dieses Jahrhunderts waren viele Reichsversammlungen dahier und Conrad I. unterzeichnete dahier viele Urkunden, so 911, 918 919, ein Beweis, daß er hier häufig residirte. — Von dieser Zeit an datirt die Befestigung der Städte und vieler Ortschaften, denn die Ungarn hatten schnell Städte und Ortschaften überfallen und die Leute hatten keine Vertheidigungsmaßregeln getroffen. Besonders Heinrich I., Regent von 919 bis 936, ließ viele Burgen erbauen und viele Städte befestigen. Tag und Nacht war man mit Erbauen von Befestigungen beschäftigt, damit das Landvolk bei einem Einfall der Feinde eine Zuflucht finde, denn bisher hatte der Landbauer einzeln auf seinem Gute in der Mitte seiner Aecker gelebt. Alle Bewohner der Umgegend mußten bei den Befestigungsarbeiten helfen. Für die Zeit der Gefahr ward in den befestigten Orten ein Drittheil der Ernte geborgen. Um diese Zeit wurde auch höchst wahrscheinlich Forchheim mit Mauern umgeben, denn vor Allem waren die Könige darauf bedacht, die Orte, in welchen Königspfalzen waren, zu befestigen.

961 beschließt dahier König Otto I. den Zug gegen den italienischen König Berengar und

976 am 5. Juli schenkte Kaiser Otto II. die dasige Kirche mit allem Zubehör, nämlich Aecker, Wälder, Mühlen, dem Hochstifte Würzburg; dort in Würzburg residirte sein Vetter, Bischof Poppo.

Nur der Königshof und die dazu gehörigen Güter blieben dem Kaiser.

§. 10.
Kaiser Heinrich II. gründet das Bisthum Bamberg und schenkt das Kammergut Forchheim dem neuen Bisthum.

Im Jahre 1007 errichtete Kaiser Heinrich II. das Bisthum Bamberg; bisher gehörte Bamberger und Forchheimer Gebiet zum Bisthum Würzburg. Es war diese Errichtung eine äußerst wichtige Maßregel und eines großen Staatsmannes würdig; denn einmal verhieß dieselbe wohlthätige politische Früchte; das Bamberger Gebiet lag nämlich an der Westgrenze Böhmens und hier in Böhmen liefen die bösen Anschläge des gefährlichsten auswärtigen Gegners, welchen Heinrich hatte, des Polen Boleslaw Chrobry, als in einem Mittelpunkte zusammen. Von Bamberg aus konnte also das Gespinnst des Polen am besten beaufsichtigt werden. Noch größer aber waren die kirchlichen Vortheile; denn es waren noch viele Heiden in Bamberger Gegend; es galt, die Bekehrung der Slaven besser zu betreiben. Diese Slaven lebten unter Aufsicht der fränkischen Grafen, denen sie jährliche Steuern zahlten, die meist in Honig oder in Paltena (eine Art Tuch) bestand. Die Zahl der Priester war in dieser Zeit sehr gering. Der Gottesdienst und der Glaubensunterricht beschränkte sich bei der großen Rohheit dieser slavischen Bewohner mehr auf kirchliche Ceremonien. Lange verpflichteten sie sich zu nichts weiter, als zur Entrichtung des Zehntens, zur Beobachtung der Fastenzeit und zur Enthaltung ehelicher Verbindungen mit Blutsverwandten. Noch auf einer Synode des Bamberger Bischofs Günther 1058 wird geklagt, daß die Slaven des Bisthums noch meist dem Heidenthume ergeben seien. Diese Errichtung des Bisthums ging aber nicht so leicht, denn man kann sich wohl denken, daß der Bischof von Würzburg, der seine wohlerworbenen Rechte auf Bamberg hatte, dagegen Einsprache erheben werde. Als darum Heinrich im Oktober 1007 eine Kirchenversammlung nach Frankfurt berief, so erhob sich der Kaplan des Würzburger Bischofs, Beringer, und las vor den 42 anwesenden Prälaten laut die Freibriefe des Würzburger Stiftes vor. Wie nun Heinrich merkte, daß diese Urkunden Eindruck auf die Versammlung machten, stürzte er flehend auf die Kniee nieder. Endlich schritt Willigis, Erzbischof von Mainz, zur Abstimmung. Tagino, Erzbischof von Magdeburg, wurde zuerst aufgerufen und erklärte: „die Absicht des Königs ist dem Gesetze gemäß". Jetzt stimmten alle Uebrigen im gleichen Sinne und unterschrieben am 1. November 1007. Die Errichtung des Hochstiftes Bamberg kostete nicht weniger als 6 Klöstern Selbstständigkeit und reichliches Einkommen; es wurden nämlich die Abteien Kitzingen, Barigin im bayer. Nordgau, Neuenburg, Gengenbach, Haselbach und Stein dem Bamberger Stuhle geschenkt, ebenso das **königliche Kammergut Forchheim**. Den Bamberger Stuhl bedachte Heinrich am reichlichsten; er vermachte ihm sterbend seinen ganzen Nachlaß, seine fahrende Habe wie auch sein Grundeigenthum. Das neu errichtete Bisthum grenzte gegen Osten von der Regnitz über die obere Pfalz bis Eger; gegen Westen bis Heggau, Volksfeld und das östliche Grabfeld; gegen Süden nach dem Laufe der Bäche Aurach und Seebach von ihrem Ursprunge bis zum Einfluß in die Regnitz auf der einen und auf der andern nach dem Laufe der Schwabach in die Regnitz unweit Erlangen; gegen Norden schloß es endlich den ganzen übrigen Nordwald und Banzgau in sich. Dieser Kirchensprengel erstreckte sich sonach über das Land Bamberg, Culmbach, Bayreuth, einem großen Theil Nürnberger Gebiets, über die böhmischen und voigtländischen Gebirge mit der oberen Pfalz. (Aus „Gfrörer Gregor VII.")

§. 11.
König Heinrich IV. wird in Forchheim für abgesetzt erklärt und Rudolph gewählt 1078.

König Heinrich IV. hatte gute Anlagen, allein 6 Jahre alt starben seine Eltern; seine Erzieher suchten sich bei ihm beliebt zu machen durch allzugroße Nachsicht; so überließ sich Heinrich frühzeitig seinen Leidenschaften und Lüsten, und machte sich später als Wüstling und als Tyrann allgemein verhaßt. Man sieht hieraus, welchen wichtigen Einfluß die Erziehung auf das ganze Leben übt. Hätte Heinrich eine bessere und strengere Erziehung genossen, er wäre vielleicht ein tüchtiger Regent geworden. Fast alle Geschichtsschreiber jener Zeit rügen die große Unzucht, die am königlichen Hofe herrschte. Von des Königs Günstlingen, die gleiche gemeine Gesinnung hatten und Genossen seiner Schandthaten waren, sowie von des Königs Dirnen hingen zum Theil die Vergebung von Bisthümern und Abteien ab; es war natürlich zu einem so üppigen, genußsüchtigen Leben viel Geld nothwendig und so wurde nun mit den geistlichen Stellen am Hofe förmlich Handel getrieben; wer am meisten Geld bot, der erhielt die Stelle. Der berühmte Papst Gregor VII., dessen Leben ein Kampf für Freiheit und Reinheit der Kirche war, wie er auch sterbend bestätigte mit den Worten: „Ich habe das Recht geliebt, das Unrecht gehaßt, als Lohn dafür sterbe ich in der Verbannung," Gregor VII. trat gegen dieses Unwesen des deutschen Königs auf; er schrieb öfter dem Könige Briefe und machte ihn auf sein unkirchliches Treiben aufmerksam; überhaupt behandelte er den König mit unverkennbarem Wohl= wollen, was aus mehren seiner Briefe, sowie aus einer Bulle vom 1. September 1073, gerichtet an Rudolph von Schwaben, hervorgeht: „Wisse denn, daß ich weit entfernt, dem Könige zu grollen, im Gegentheil Neigung für ihn fühle, theils weil ich bei seiner Erwählung mitwirkte, theils weil sein Vater sterbend seinen unmündigen Sohn dem Schutze der römischen Kirche empfahl." Doch alle Er= mahnungen des Papstes waren vergeblich. Heinrich versprach Alles, aber an Halten seiner Versprechen dachte er nicht. Allein nicht nur der Papst war mit ihm unzufrieden, sondern beinahe ganz Deutsch= land erhob sich wider den Tyrannen; denn er hatte seine tugendhafte Gemahlin recht schmählich behau=

delt und war auch gegen die Herzoge von Bayern, Sachsen und Kärnthen ganz ungerecht verfahren; darum mußte er sich auf den Reichstagen bitteren Demüthigungen unterwerfen; waren aber die Reichstage vorüber, und die Großen des Reiches wieder in ihre Heimath gereist, so zeigte er wieder seine alte Treulosigkeit. Der Papst that ihn in den Bann und eine große Anzahl geistlicher und weltlicher Fürsten, besonders Sachsen und Schwaben, kamen am 13. März 1076 zu **Forchheim auf einem Reichstage** zusammen, und auch zwei päpstliche Gesandte fanden sich ein. Als diese Gesandten alle die Scheußlichkeiten aufzählen hörten über das Gebahren des Königs, sprachen sie ihre Verwunderung darüber aus, daß das Land so lange den Tyrannen ertragen habe, verheimlichten aber die Aufträge des Papstes nicht, nämlich: 1) der Papst bedauere, sich nicht persönlich in Forchheim einfinden zu können, wird aber 2) sobald es die Umstände erlauben, Deutschland besuchen, 3) bittet er die Fürsten, jetzt noch zu keiner Wahl eines neuen Königs zu schreiten, sondern seine Ankunft abzuwarten. — Allein die versammelten Fürsten befolgten den Rath des Papstes nicht, sondern schritten zur Absetzung des Königs und wählten den **Herzog Rudolph von Schwaben** zum König der Deutschen. Nebst den geistlichen und weltlichen Fürsten ließ man auch das Volk wählen. Man hatte, wie es scheint, einen Haufen Bauern aus der Pfalz Forchheim und den umliegenden Ortschaften her beschieden, welche die Stelle des deutschen Volkes vertreten mußten.

Rudolph, der neugewählte König spielte keine glänzende Rolle; 3 Jahre nach seiner Wahl verlor er in einer Schlacht gegen König Heinrich an der Elster Hand und Leben. Gegen Heinrich IV. aber empörten sich mehrmal seine eigenen Söhne, so daß er gegen sie in das Feld ziehen mußte. Sein Sohn Heinrich nahm ihn treulos gefangen, behandelte ihn mit unwürdiger Härte und ließ ihn absetzen. Heinrich IV. entfloh und starb 1106 zu Lüttich. *)

§. 12.
Auffallende Witterungsverhältnisse.

Es wird dem Leser nicht uninteressant sein, einiges über auffallende Witterungsverhältnisse zu lesen; so war 1184 in den Wintermonaten die Hitze in den fränkischen Gegenden so stark, daß Bäume und Reben schon im März zur Blüthe kamen; im Mai wurde das Getreide geschnitten und Anfangs August wurde der beste Rebensaft getrunken; dagegen war 1185 die Kälte bis Pfingsten so anhaltend, daß nichts reifen und zeitigen konnte, so daß Theuerung, Hungersnoth und in Folge davon ansteckende Krankheiten entstanden.

In den Jahren 1275—1277 waren in ganz Franken so häufige Platzregen und die Grundstücke wurden dadurch so überschwemmt, daß entweder die Felder gar nicht besäet oder deren Früchte gar nicht eingeheimst werden konnten.

---

*) Gesch. Gfrörer. Gregor VII.

1305 war der kälteste Winter seit Menschengedenken, noch im Mai fiel so viel Schnee, daß die Aeste der Bäume zerrissen und die kaum hervorsprossenden Weinreben zu Grunde gingen.*)

§. 13.
Raspe von Thüringen zerstört 1246 die Königsburg Forchheim.

Im 12. Jahrhunderte geschah in Forchheim nichts von Bedeutung, außer daß 1149 eine Reichsversammlung abgehalten wurde, und im 13. Jahrhunderte hörte Forchheim auf, eine Königspfalz zu sein. Ueberhaupt begann da eine unglückliche Zeit; das königliche Ansehen war durch die vielfachen Uebergriffe geschwunden, welche sich gar manche Regenten erlaubten; Papst und Kaiser bekämpften sich; der eine Theil der Fürsten und Völker hielt zum Papste, der andere Theil zum Kaiser. So entstanden in Deutschland fürchterliche Bürgerkriege. Der Hohenstaufe Friedrich II., dessen Leben und Sitten eher für einen Türken, als für einen Christen passend waren, hielt sich gewöhnlich in Italien auf und vergaß beinahe ganz auf Deutschland.

Unter diesen Verhältnissen erhoben sich in Deutschland Gegenkönige, wie Raspe von Thüringen, welcher ein gewissenloser Fürst war und 1246 die Königsburg Forchheim, welche dem Könige Friedrich II. gehörte, aus Rache zerstörte. Jedoch scheint diese Burg von ihm nicht völlig zerstört worden zu sein, denn die Mauern und Fenster geben noch

---

*) Jäck, Bambergs Geschichte.

Zeugniß von ihrem hohen Alterthume. Damals baute man nicht im Kasernenstyle und schablonmäßig. Die Symmetrie wurde nicht genau beobachtet, sondern es wurde gebaut nach Zweckmäßigkeit; darum wurde auch nicht so genau darauf gesehen, ob ein Fensterstock gerade dieselbe Höhe und Breite habe, wie der andere und alle Fenster des Gebäudes in gleicher Linie stehen, sondern der Fensterstock wurde gemacht von der Größe und in der Art, wie er für das Zimmer, für die Stube am geeignetsten war.

§. 14.
Die St. Katharina-Hospitalstiftung in Forchheim.

Aus den Pfarrakten geht hervor, daß der eigentliche Stifter nicht angegeben werden kann. Die Stiftungszeit fällt zwischen 1100 und 1150. So viel weisen aber die auf Pergament gefertigten Briefe nach, daß Herr Leupold, gewesener Pfarrer zu Neunkirchen sehr viel stiftete zur Emporbringung des Hospitals und zur besseren Unterhaltung der armen Pfründner. Es sind auch genau die Schenkungen angegeben, welche Herr Leupold machte:

1) erkaufte er im Jahre 1303 den Hospitalszehnden zu Wohlmatgesees im Bamberger Amt Ebermannstadt von Otto von Vollendorf um 63 Pfund Heller; ebenso

2) im Jahre 1315 die von Alters sogenannte neue Mühle (jetzt Schindlersmühle);

3) erkaufte er von Herrn von Rabenstein das auf genannter Mühle gestandene Lehnsrecht um 20 Pfund Heller im Jahre 1317;

4) erkaufte er 1324 eine Wiese unter dem Breitenlohe und

5) ein Haus vor dem Bamberger Thore im Jahre 1325;

6) kaufte er 1327 ein Gut zu Dorf Burk und

7) schenkte er dem Hospitale mit diesen Worten:

„Ich Leupold, weiland Pfarrer zu Neunkirchen, **Stifter des Spitals** zu Vorchheim den Zehnden zu Mirsberg nebst den zwei andern Mühlen", und schreibt weiter: „Dem zur selbigen Zeit gewesenen Spitalmeister Dietrich möchte anbefohlen werden, daß er den wenigen und armen Pfründnern Jedem täglich eine Maß Bier verabfolgen lassen sollte!"

Herr Leupold war vom Jahre 1303 bis 1327 Pfleger des Spitals, wie er sich in einem Stiftungsbriefe vom Jahre 1315 selbst nennt:

„Ich Leupold zu Neunkirchen, weiland Pfarrer daselbst, nun Pfleger und Vormund des Spitals meiner Frauen St. Katharina."

Aus Allem geht hervor, daß diese Katharinen-Stiftung 1303 eine geringe Stiftung mit wenigen Pfründnern war, und daß Herr Leupold erst den Grund zu deren spätern Blüthe legte. Durch ihn wurde das kleine Pfründnerhaus erweitert und mit mehr Pfründnern besetzt, wie er sich ja in einem seiner Benefiziatenbriefe sogar einen **Stifter des** Spitals nennt. Wahrhaft großartig waren die Stiftungen, welche Herr Leupold machte, wie: ein Haus, mehrere Mühlen, Wiesen, Felder, Lehnsrechte nnd Zehnden.

Dieses mehrerwähnten Gutthäters Leupold gegen das Spital getragene Sorgfalt und immerhin ge=

pflogene Fortpflanzung legte Fürstbischof Werntho von Bamberg an den Tag. (So wörtlich nach den Pfarrakten.)

1328 ließ er einen Befehl ergehen an seine Amtleute und Förster in Forchheim, sie sollten den Pfründnern dieses Spitals das benöthigte Brennholz gestatten.

1329 hat ein Ritter mit Namen Wolfram Gotzmann ein Holz zu Oesdorf am Helmreichs, wenigstens von 20 Morgen Bestand, dem Spitale überbracht.

1336 verehrten einige Nürnberger Bürger sowohl Lehengüter als Zinsgelder dem Spitale.

Um diese Zeit wird schon ein Geistlicher erwähnt, der in diesem Hospitale angestellt war, nämlich Spitalmeister und Kaplan Otto. Um diese Zeit, also im Jahre 1336, muß auch, weil ein Geistlicher da fungirte, die Spitalkirche schon erbaut gewesen sein, jedoch ist über den Bau dieses Kirchleins nichts in den Pfarrakten erwähnt, und fällt wahrscheinlich auf das Jahr 1335.

Der Hospitalfond hat sich in den folgenden Jahrhunderten noch bedeutend vergrößert, einmal durch allhiesige Bürger, dann durch auswärtige Gutthäter, worunter besonders noch in den Pfarrakten ausdrücklich erwähnt wird — die Stifterin der Will'schen Spital=Pfründe 1614, Frau Kunigunda Schneider, Wittwe und Bürgerin dahier, eine geborne Will von Burk.

Jahrhunderte hindurch war an diesem Spitale ein Geistlicher, welcher Spitalpfarrer genannt wurde; heute noch zeigt man das Haus, in welchem er wohnte, nämlich das sogenannte Huterhäuschen (neben der Gastwirthschaft zur Krone).

Der Spitalpfarrer oder Spitalcuratus hatte zu pastoriren: das Pfründehaus, die Bamberger Straße und Serlbach. Als ein Collegiatstift dahier errichtet wurde, wurde der Spitalcuratus als Custos mit zum Stiftspersonale von 7 Canonikern gezählt. Hiebei hatte es seinen Bestand bis zum Jahre 1755 im November, in welchem Herr Bischof Franz Conrad von Stadion diese Spitalpfarrei mit der Dechantei verband, um derselben mehr Glanz zu verleihen, und zugleich zwei Kapläne aufstellte.

Neben dem Spitale war auch ein Kirchhof (jetzt zu einem Gärtchen umgewandelt) für die Pfründner des Spitals und für die Bewohner Serlbach; erst am Ende des vorigen Jahrhunderts wurde dieser Kirchhof verlegt; deßwegen haben heute noch die Pfründner des Spitals ihren Leichengottesdienst in der Spitalkirche.

Die St. Katharina-Hospitalstiftung besitzt bedeutenden Reichthum und ist darum eine große Wohlthat für die ärmere Klasse Forchheims. Diese Stiftung hat jetzt bei 120,000 fl. Reinkapital, 138 Tagwerke Wälder, Felder und Wiesen; es werden zur Zeit wöchentlich je 1 fl. 30 kr. an die 11 innern Pfründner, wöchentlich je 45 kr. an die 44 äußern Pfründner und 135 fl. monatlich an Stadtarme ausbezahlt. Gewiß eine große Wohlthat für eine Gemeinde!

§. 15.
Heuschreckenschwärme auf Forchheims Fluren
1338.

Die deutschen Völker waren durch die immerwährenden Bürgerkriege schrecklich verwildert; dabei waren viele Länderstriche zertreten und verwüstet, und wie gewöhnlich ein Unglück nie allein kömmt, so auch da. Im Spätsommer 1338 ergossen sich von Osten her in meilenlangen Wolken Schaaren von Heuschrecken, die in Ungarn, Polen, Oesterreich, Böhmen, Franken u. s. w. einfielen und Alles, was sich auf den Feldern, Wiesen und in Gärten an Früchten vorfand, rein aufzehrten. Diese Heuschrecke, mit Recht Schrecken des Heues genannt, ist nicht diejenige, welche sich auf unseren Wiesen vorfindet, sondern die Wanderheuschrecke, welche 2 bis 2½ Zoll lang ist und in Hochasien, sowie in den Steppen Südrußlands sich häufig findet. Vier Wochen ungefähr, nachdem diese Heuschrecke ausgekrochen ist, begibt sie sich auf die Wanderung, weil sie keine Nahrung mehr findet, und so fliegt sie nun in großen Schaaren weiter und diese Menge nennt man Heuschreckenschwarm. Da es den Lesern dieses Schriftchens vielleicht angenehm sein möchte, etwas Näheres von diesen Wanderheuschrecken zu vernehmen, so will ich die Beschreibung wortgetreu wiedergeben, welche ein Reisender, der 1860 im südlichen Rußland sich aufhielt, davon macht:

„Es war am 24. Juli und ein herrlicher Sommermorgen, als ich mit einem Freunde in einer Kutsche über die Steppe fuhr. Auf einmal blickte der Postillon auf dem Bocke aufmerksam und lange nach einem Punkte am Horizonte. Mein Freund bog sich auch aus dem Wagenfenster, aber rasch fuhr er zurück. „Die Heuschrecken", rief er so laut, daß ich zusammenschrack. Ich sah hinaus und erblickte nichts, als am Saume des Horizontes eine lange, schwarze Wolke. „Das sind sie", sagte mein Begleiter. „Unmöglich", erwiderte ich; „was Sie sehen, mag der Rauch eines großen Brandes sein, weiter nichts." „O, ich kenne sie leider nur zu gut", fuhr der Freund fort; „dort der Zug ist keiner von den größten, aber doch 8 bis 10 Werst ($^5/_4$ Stunden) ist er sicher lang." „Was meinst du, rief er zum Wagenschlag hinaus, was bedeutet jener dunkle Strich vor uns?" „Sarana — Heuschrecken", rief der Postillon und pfiff seinen Pferden. Aufgeregt lehnte ich mich hinaus und blickte unverwandt nach der finstern Wolke; sie schien fest zu stehen am Himmel, doch sah man hie und da deutlich kleine Flatterwolken sich davon ablösen. Es war ein unheimlicher Anblick; wie ein schweres Gewitter stand es dort im Süden vor uns; fast nicht zu glauben, daß ein Insektenschwarm solch einen Vorhang weben köne vor das helle Licht des Tages.

Nicht lange waren wir gefahren, da wies Ilia, der Kutscher, eifrig zur Rechten. „Sie sind hier gewesen", sagte mein Freund; „halt Kutscher, halt." Wir stiegen aus. Ein großes Hirsefeld lag hart an der Straße, aber nur noch erkennbar an den zahllosen grünen Stoppeln und an hie und da zerstreuten unreifen Rispen. Als wir den Acker betraten, erhob sich überall darauf ein Flittern und

Schwirren; Tausende von Heuschrecken sprangen und flogen bei unserer Annäherung behend auf, das Sonnenlicht funkelte auf ihren glänzenden Vorderflügeln. Das ganze Feld war total abgeschrotet, die ungeheure Masse des noch grünen Getreides war verschwunden. Dagegen war die Erde bis einen Finger hoch bedeckt mit dem Auswurfe der Heuschrecken, trockene Körper von der Gestalt eines Roggenkornes, aber stärker und länger.

Bald darauf kam ein Reiter dahergesprengt, er war Verwalter bei einem großen Gutsbesitzer und meinem Freunde gut bekannt. „Schlimme Botschaft", rief er meinem Freunde entgegen, „der Zug ist gestern bei uns gewesen. Zwei Drittheile unseres Getreides sind verloren; was nicht gefressen, ist niedergeknickt; ich suche Arbeiter, um schnell einzusammeln, was noch der Mühe lohnt."

Immer höher und dunkler stieg die Wolke vor uns empor. Die Luft war erfüllt von heiserem Gekrächze und Geschrei. Tausende von Raben und Krähen schwebten über den Feldern, oder zogen begierig dem finsteren Nebel entgegen. Das Schwirren rings um uns nahm in erschreckender Weise zu; blickte man aus dem Wagen hinaus, so schien die ganze Atmosphäre mit Millionen Punkten getüpfelt; es flirrte vor den Augen, daß man sie unwillkürlich schließen mußte. „Das ist erstaunlich", sagte ich, „jetzt sind wir doch mitten in den Heuschrecken?"

„Noch nicht", entgegnete mein Freund; „so lange wir noch den blauen Himmel über uns erblicken können, sind wir noch nicht in der Heuschreckenwolke und es hat dann noch keine Gefahr." — Ich wollte das nicht recht glauben, da wir doch schon so viele Heuschrecken um uns sahen. Der Weg machte eine Biegung und senkte sich thalwärts. Da zog sich der graue Flor der Luft dichter zusammen und ein unaufhörliches Anprallen an die des Staubes wegen geschlossenen Wagenfenster bewies, daß wir dem Gros der feindlichen Armee immer näher rückten. Plötzlich rollt der Wagen ziemlich steil bergab. Da schrie Jlia: „Da ist der Heuschreckenschwarm!"

In einem Augenblicke wurde es finster rings um uns. Die im Galopp hinabstürmenden Tartarenpferde werden von Entsetzen erfaßt, schlagen aus, schäumen, bäumen sich — der Wagen schwankt — mit aller Macht reißt der Postillon an den Zügeln des Viergespanns. — Der Diener springt vom Bock und faßt das Handpferd. Vor uns aber erhebt sich mit sinnenbetäubenden, dumpfen Summen der ungeheure Zug der Heuschrecken, der hier in der Thalniederung zur Rast sich niedergelassen hatte. Und in Wahrheit! die Sonne verschwand vor den Myriaden, die da emporflammerten; es war, wie wenn ein grauer Dampfqualm aus der Erde stiege und sich nach oben mehr verdichtete, bis eine schwarze Wand vor uns sich erhob, undurchdringbar jedem Strahl des Lichtes. So dicht waren die Massen der Heuschrecken, daß bei dem beschleunigten Lauf des Wagens bei weitem nicht Alle sich zu erheben vermochten; bis über die Felgen mahlten die Räder in dem lebendigen Gewimmel. Der Eindruck war ein unbeschreiblicher für mich; ich konnte mich des Grauens nicht erwehren, während mein Freund, welchem das Ereigniß kein neues war, verhältnißmäßig ruhig blieb.

So wie dieser Reisende recht genau die Heuschreckenschwärme beschreibt, ebenso war es auch damals, als im Jahre 1336 die ungeheuern Heuschreckenschwärme in Deutschland und Franken einfielen. Sie verfinsterten, liest man in den damaligen Chroniken, wie Gewitter die Sonne, und verkündigten sich aus weiter Ferne durch ein dumpfes Getöse, bis dann plötzlich der Erdboden von den nagenden und stinkenden Ungeheuern bedeckt lag. Der spätere Kaiser Karl IV. war gerade auf einer Reise in Unterösterreich, und erzählt selbst davon:

„Bei Aufgang der Sonne weckte uns einer meiner Soldaten aus dem Schlafe mit den Worten: Herr, steht auf, der jüngste Tag ist da! Wir stiegen sogleich zu Pferde und ritten, weil wir das Ende des Heuschreckenzuges sehen wollten, bis nach Pulkau, 7 Meilen weit, bis wir das Ende desselben sahen; aber die Breite konnten wir nicht abschätzen."

Man denke sich, welche Verheerungen ein solcher 14 Stunden lange Schwarm angerichtet haben muß. Und dieser Schwarm kam auch in Forchheims Gegend und fraß mit Gier beinahe alle Feldfrüchte ab. Dazu kam noch eine Reihe von Mißjahren, welche die sonst fruchtbarsten Länder in die größte Hungersnoth stürzten. Nicht genug! Ein allgemeines Erdbeben fand am 25. Januar 1348 am Tage Pauli Bekehrung fast durch ganz Europa statt; und im Frühlinge 1349 begann die große Pest.*)

*) Wolfgang Menzel, Geschichte der Deutschen.

§. 16.

Die Pest in Forchheim im Jahre 1349.

Diese große Pest hat weder vorher noch nachher ihres Gleichen im Abendlande gehabt. Sie war aus dem Morgenlande durch Schiffe eingeschleppt worden, wüthete zuerst in Italien und Frankreich und wurde durch Kaufleute nach Deutschland weiter getragen. In Marseille starb die Hälfte der Einwohner, unter ihnen der Bischof mit dem ganzen Domkapitel. Diese Pest wüthete auch in Forchheim und richtete hier große Verwüstungen an. Die Krankheit zeigte sich durch Beulen von der Größe eines Eies, erst an den Schamtheilen und unter den Achseln, dann am ganzen Körper, endlich durch gelbe oder schwarze Flecke, die bei Einigen groß aber sparsam, bei Anderen klein aber zahlreich waren und die Benennung „der schwarze Tod" veranlaßten. Die Pestkranken starben meistens am dritten Tage ihrer Krankheit. Nicht blos die Annäherung an den Kranken, sondern schon Berührung Dessen, was ihnen gehört hatte, pflanzte das Gift fort und oft sah man die Bewohner eines Hauses bis auf die Hausthiere dahinsterben. Todtengebräuche und Feierlichkeiten hörten auf; die Meisten starben ohne Sakramente dahin; die Leichen aber wurden auf Karren fortgeführt und zu Hunderten in große Gruben geworfen. An manchen Orten, wo die Träger und Todtengräber gestorben waren, mußte auch das Begräbniß unterbleiben und die Luft das Amt der Erde verwalten.

Zwei fahrende Schüler (Studenten) kamen auf ihrer Reise von Bologna (Italien) nach Böhmen durch einige Städte und Flecken, in denen gar keine Menschen mehr angetroffen wurden. An einigen Orten rechnete man auf hundert Einwohner nur noch zehn, an andern gar nur fünf Ueberlebende. Ueberhaupt wurden ungefähr 2 Fünftheile der Bevölkerung Europa's von dieser Seuche hingerafft.

Die Menschen waren durch die immerwährenden Kriege und Zwistigkeiten ganz verwildert. Da nun nirgends bei den Menschen Hilfe zu finden war, so wandte sich das verzweifelnde Volk wieder an den Himmel, wieder zu Gott. Es erfüllt sich immer das alte Sprüchwort: Noth lernt beten, was Göthe so schön in den folgenden trefflichen Worten darstellt:

„Wer nie sein Brod in Thränen aß,
Wer nie die kummervollen Nächte
Auf seinem Bette weinend saß,
Der kennt Euch nicht: Ihr himmlischen Mächte."

Im Jahre 1425 raffte die allgemeine Pest ebenfalls viele Menschen dahin.

Noch will ich bemerken, daß die meisten Leute in Forchheim der Meinung sind, daß im Jahre 1666 dahier eine Pestilenz in so furchtbarem Grade gehaust habe, daß im Ganzen vier Männer übrig geblieben wären, welche zufällig bei der Marienkapelle einander begegneten und da die Sebastiani=Bruderschaft gegründet hätten; allein es ist das ein ganz großer Irrthum. Im Jahre 1666 hat allerdings eine große Pest geherrscht in der

Rheingegend, aber das Frankenland, somit auch Forchheim, blieben davon ganz verschont. Damit stimmt auch die **Stiftungsurkunde** der Sebastiani=Bruderschaft überein, welche lautet:

„Als die leidige Contagion an dem Rheinstrome grausam grassirte, auch an anderen Orten bereits eingerissen hat, hat es sich zugetragen, daß an dem Tage des heil. Martyrers Sebastian als den 20. Januar 1666 Abends nach verrichteter Prozession und an diesem Tage gewöhnlichen Gottesdienste bei Herrn David Rath, damals Cantor, wohnhaft neben dem Hause des Kirchners, ungefähr zusammengekommen: H. Georg Rinagel, Bürgermeister, H. Peter Hügerich, Rathsschreiber und Kaspar Zellner, Hofschreiner, wegen des betrübten Zustandes der pestilenzischen Seuche, mit welcher viele Länder von Gott heimgesucht wurden. Allwie das geliebte Frankenland ohne Zweifel durch sonderliche Fürbitte des hl. Sebastian bis zu dieser Zeit ist befreit worden, so haben diese vier obengenannten Personen mit einmüthiger Stimme, Herz, Mund und Sinn ihn zu ihrem herzallerliebsten Patrone ernannt und erwählt, auch dabei gelobt, alle Jahre ihm zu Ehren eine hl. Messe von ihrem Gelde lesen zu lassen, auch sollen allemal die vier gemeldeten Personen der hl. Messe beiwohnen."

§. 17.
Pfarrei Forchheim zu einem Collegiatstifte erhoben
1353.

Forchheim war bereits eine **Abbatie** (eine Art Dekanat), welcher viele Pfarreien und Cura=

tieen der Umgegend untergeordnet waren, als Leopold III., Bischof von Bamberg, es zu einem Collegiatstifte erhob, welches sich beinahe 5 Jahrhunderte erhielt und erst in Folge der Säkularisation 1804 aufgehoben wurde. Dieses Collegiatstift bestand aus einem Domkapitular als Probst, einem Dechant und sieben Kanonikern; die zwei jüngsten Kanoniker mußten Kaplaneidienste thun, was mit der Errichtung von zwei Kaplaneien in Mitte vorigen Jahrhunderts aufhörte. Die Kanoniker wohnten in der Gasse neben der Kirche, welche man deßwegen Pfaffengasse nennt.

§. 18.
Siechhaus.

Siechhäuser entstanden in Folge der Kreuzzüge. Das Morgenland ist die Wiege des Menschengeschlechtes, aber auch die Heimathsstätte der epidemischen Krankheiten, wie Pest, Cholera u. s. w. Auch der Aussatz stammt aus dem Oriente und findet sich heute noch dort vor. Die aus den Kreuzzügen von Palästina heimkehrenden Soldaten im 11. und 12. Jahrhunderte brachten diese fürchterliche, unheilbare Krankheit mit nach Europa, wo sie sich allmählig auszubreiten anfing. Da der Aussatz furchtbar ansteckend ist und jede Berührung mit einem Aussätzigen gemieden werden muß, so wurden allenthalben in der Nähe der Städte, in gehöriger Entfernung von menschlichen Wohnungen, Häuser für Aussätzige gebaut, welche man Siechhäuser nannte. In diesen Häusern wohnten die mit dem Aussatze Behafteten, getrennt von ihren

Verwandten und Bekannten, nur von Leidensgenossen umgeben; hier verlebten sie im traurigen Dasein ihre unglücklichen Tage, siechten allmählich dahin, bis endlich, nachdem alle äußeren Körpertheile abgefault waren, der Tod dem schrecklichen Leiden ein Ende machte. Noch vor 2 Jahrhunderten gab es in Deutschland einzelne Aussätzige. Am 9. Mai 1632 wurde eine Aussätzige: Barbara Fürst von Bamberg, in Forchheim beerdigt.

Nachdem durch getroffene Vorsichtsmaßregeln dem Umsichgreifen des Aussatzes vorgebeugt wurde, ist, Gott sei Dank! diese Krankheit in Europa verschwunden. Die Siechhäuser werden nun benutzt zur Unterbringung von unheilbaren oder gebrechlichen Personen, wie es auch hier der Fall ist. Die Pfründner, welche es bewohnen, erhalten Geld und Naturalspenden.

§. 19.
Seelhaus, gestiftet 1371.

Die Seelhausstiftung ist eine sehr alte Stiftung. Die Stiftungs-Urkunde vom Jahre 1371 lautet:

"Ich Mechtilde die Walberin Walbers des Sadtlers töchter, Eines Bürgers weyland zur Vorcheimb thue Kund, daß ich habe gestifft ein Seelhaus in der stadt zu Vorcheimb gelegen zwischen den Hudterin und unserer Frauen Brüder Häuser mit der bescheidenheith, daß ich Zu demselben Seelhauß bey lebendigem Meinem Leib und auch nach meinem Todt Ewiglich hab geben sechs und dreißig Pfund Haller mit der Weißung daß dasselbe Seelhaus Ewiglich solle besetzt werden mit acht Personen, reinen, keuschen Jungfrawen, die Ihr leben in reinheit und Keuschheit mit Ehren haben hergebracht, und auch die dasselbe leben fürter in Gottes Lob vollbringen, und daß man Jeder Persohn der Vorgenannten Jungfrawen soll geben jährlich vier Pfund Haller Ewige Gültd von den Güttern, die hernach geschrieben stehen. Zu zweyen Zeithen im Jahr halb auf wallburgistag und halb auf Allerheilig tag als Zins und Güldt Recht und Gewohnheith ist und was da überich ist, daß soll man gleich unter sie theillen. Daß seynd die Gütter, darauf ich die Güldt geschickt habe.

Zu den Ersten Auf den Acker in dem Gramaß Wimmthal der Hermann Püttner und Nickhel Reblein inne haben, dritthalb Pfundt Haller und eine Faßnachthenna; auf Heinzen des Trüchtels Meines bruders Hauß Jenseits des Bachs Ein Pfund Haller und eine Faßnachthenna; auf dem Guth deß Heintz Ranschauf und seine Erben und haben an sechzig zwei Pfund Haller, zwei Faßnachhenna und 60 Aher Pfingsten; auf Endres des Reckhen Garten Jenseits der Brantmühl dritthalb Pfund Haller.... (Es folgen noch eine lange Reihe von Gütern und Güld, welche ich aber, um Langweile zu vermeiden, übergehe).

Der Schluß der Urkunde lautet:

„All das soll dem Hauß zu nutz angelegt werden und Ewiglichen in dem Hauß unter denen Jungfrawen bleiben ohne Hinternuß aller Leuthen. Auch hab ich gestifft, daß die Jungfrawen oder Ihre Meisterin in dem Hauß den 4 Bürgermeistern, die deß Hauß Vormunder zu denselben Zeyten seynd, Ihr jeglichen jährlichen vor Faßnacht sollen geben 2 Faßnachthenna und einen großen Vierding Pfeffers, auf daß sie sich dessen minder lassen verdrissen alles das Gebrechen und auch des Geschäffts, daß das Hauß oder die Jungfrawen darinen fürters Ewiglichen angehet, dieß göttlich Geschäfft und auch dasselbe löblich Seel gered ist Alles zugegangen mit gut besonnen Rath des Vesten Ritters Herrn Rollant von Wiesenthau und auch des Vesten Ritters Herrn Conrads von Wiesenthau der Schultheiß und des geschwohrnen Raths zur Vorchheimb Insiegel mit gutem Gewissen an diesen Brieff haben gehangen. Datum feria 2 da am Walburgis. Anno Domini Dreyzehn hundert und Ein und siebenzig."

Das Seelhaus stand an dem Platze, auf welchen jetzt das dem Kaufmann Oertel gehörige Haus gebaut ist. Noch heute heißt der in der Nähe befindliche Graben — Seelgraben. Die Pfründner des Seelhauses bewohnen die unteren Räume des Krankenspitales und erhalten Geld und Naturalspenden.

Eine andere Stiftung für Pfründnerinnen ist hier noch erwähnenswerth. In der Gasse, welche deßwegen Nonnenhausgasse genannt wird, war in früheren Zeiten ein Nonnenkloster. Welchem Orden die Nonnen angehörten, weiß man nicht. Das Kloster verlor im Laufe der Zeit seine Bestimmung und in dem Nonnenhause wurden Pfründnerinnen untergebracht. Nachdem das Nonnenhaus vor etwa 30 Jahren von der Stadt verkauft wurde, hat sich der Name auch übergetragen auf das Haus, in welchem nun die Pfründnerinnen wohnen, und in welchem im unteren Lokale eine Kleinkinderbewahr=Anstalt ist.

§. 20.
Lambert von Brunn erbaut das Schloß 1390.

Wenzeslaus kümmerte sich beinahe gar nichts um das Treiben in Deutschland und verweilte die meiste Zeit in Böhmen. Er hatte eine wilde Natur und wurde durch übermäßigen Weingenuß oft furcht= bar grausam. So ließ er einstens seinen Koch, der ein Geflügel nicht nach seinem Geschmacke bereitet und zu sehr gebraten hatte, am langsamen Feuer zur Strafe rösten.

Er war es ja, der den Kanoniker Johannes Nepomuk von der Prager Brücke in die Moldau stürzen ließ, weil dieser nicht verrieth, was ihm Wenzeslaus Gemahlin gebeichtet hatte.

Unter Wenzeslaus brach 1379 der Bürgerkrieg der deutschen Fürsten und des Adels gegen die Städte aus. Die Zeiten des schönen Ritterlebens, wo die Ritter mit ihren Reisigen und Knappen von ihren hohen Burgen fort in das heil. Land zogen, um da sich auszuzeichnen und zu kämpfen zur Eroberung der heil. Stätten, waren vorüber. Eine große Anzahl Ritter wurden Raubritter und gemeine Wegelagerer, überfielen und plünderten harmlose Reisende oder Kaufleute, die mit ihren Waaren die Gegend durchwanderten, warfen sie in Burgverließe und ließen sie da elendlich ver= schmachten.

Dergleichen Burgverließe findet man noch in unserer Nähe auf einigen Burgen, wie Rabenstein, Gailenreuth u. s. w. Durch dieses Raubsystem wurden Wege und Stege unsicher und der Handel stockte, was für die Bürger und Städter höchst nachtheilig war. Dazu erlaubten sich die Fürsten mancherlei Ungerechtigkeiten gegen die Städte. In Folge dessen empörten sich viele Städte gegen Fürsten und Adel.

Auch die **Bewohner Bambergs** suchten sich ihres vermeintlichen Druckes zu entledigen und verdrängten 1380 den Bischof Lambert von Brunn (im Elsaß) aus der Stadt. Vergeblich ließ der Bischof das Grab des hl. Heinrich öffnen und dessen Gebeine öffentlich vorzeigen. Da Alles fruchtlos war, ergriff Bischof Lambert umfassende Maßregeln und eroberte die Stadt im Sturme. Die Bewohner Bambergs mußten den Eid der Treue von Neuem leisten und zur Strafe 15,000 fl. Kriegsentschädigung bezahlen.

Allein sie hielten ihr gegebenes Wort der Treue wieder nicht und empörten sich nochmals, weil sie von jeder Herrschaft frei sein wollten. Die Empörung wurde unterdrückt, aber Lambert hatte keine Freude mehr an Bamberg. Er ließ sich den Grafen Albert von Wertheim zum Coadjutor geben, legte die Regierung nieder und lebte in dem von ihm zu Forchheim 1390 erbauten Schlosse, wo er auch 1398 starb. Das Schloß wurde wahrscheinlich auf den Platz gebaut, wo die Königsburg gestanden war. Vielleicht wurden auch die von der früheren Zerstörung noch übrig gebliebenen

Mauern der königlichen Burg zum Bau verwendet. Noch sieht man an dem Schlosse das Wappen des Bischofes Lambert.*)

§. 21.
Bischof Anton sammelt Truppen in Forchheim zur Wiedereroberung Bambergs 1433.*)

In der Charwoche des Jahres 1433 ergriffen die Stadtbürger Bambergs die Waffen, nahmen Immunitätenbewohner in der Umgebung des Klosters Michelsberg gefangen und legten ihnen wie Lehens= leuten fast unerträgliche Lasten und Verbindlichkeiten auf. Der Bischof Anton Rotenhan hatte keine hinreichenden Truppen und machte gute Miene zum bösen Spiele. Durch das unbestrafte Gelingen dieses Frevels aber wurden die Stadtbürger über= müthiger und plünderten im Juni 1433 das Kloster Michelsberg gänzlich aus, verbrannten es auch zum Theile und vertrieben die Benediktinermönche mit dem verwundeten Abte; ja, sie gingen in ihrem Uebermuthe und Trotze noch weiter, und mißhan= delten und verwundeten sogar ihren Bischof, der gerade über die neuerbaute Rathhausbrücke fuhr. Endlich jagten sie ihn zur Stadt hinaus.

Als diese Frevelthaten und Gewaltstreiche Papst Innozens IV. erfuhr, verhängte er am 7. Sept. 1433 den Kirchenbann über die Stadtbürger Bam= bergs mit dem Machtspruche, die kaum vollendeten Stadtmauern und Schlösser sogleich wieder nieder

---
*) Jäck, Geschichte der Stadt Bamberg.

zu reißen. Auch der Kaiser Siegismund gab Befehl, die Rebellen zu züchtigen. Bischof Anton hatte in Forchheim zur Eroberung Bambergs Truppen angeworben. Er umzingelte die Stadt, eroberte sie, ließ die Hauptanstifter der Rebellen hinrichten und die übrigen Bürger mußten zur Strafe alle Kosten bezahlen, was 60,000 fl. betrug.

§. 22.

Die Gemeinde in Forchheim rebellirt. — Der Bauernkrieg.

Wie oft bei dem Brande eines Hauses zuerst da und dort eine Flamme emporzüngelt, bis auf einmal das ganze Haus in Flammen steht, so war es mit dem Bauernkriege der Fall. Seit dem Ende des 15. Jahrhunderts zeigten sich in verschiedenen Theilen Deutschlands Symptome einer gährenden Unzufriedenheit, einer tiefen Erbitterung des Landvolkes gegen die Guts- und Grundherrn, gegen weltliche und geistliche Fürsten, gegen Klöster u. s. w.

Schon im Jahre 1502 hatte sich in Speier eine Verschwörung von 7000 Bauern gebildet, die aber vor dem Ausbruche entdeckt wurde.

Die Hauptursache der Empörung war die angebliche oder wirkliche Ueberlastung mit Steuern und Frohnden. Daß der gemeine Mann, der Landbewohner damals nicht selten wie ein Sklave behandelt wurde, läßt sich nicht leugnen. Unwillkürlich erinnert man sich an die Thatsache (wie sie in den historisch-politischen Blättern Band VI. beschrieben ist), daß, wenn gewisse adelige Herren in Niederbayern im Frühjahre auf einige Wochen auf ihr Landgut kamen, in dessen Nähe mehrere Weiher waren, die Bauern der Umgegend alle Abende aufgeboten und mit langen Stangen bewaffnet wurden. Diese Bauern hatten nun die angenehme Aufgabe, die Nacht hindurch an den Weihern Wache zu halten und auf jeden Frosch, der aus Privatvergnügen seine holde Stimme ertönen lassen und quaken wollte, sogleich mit den Stangen zu schlagen, damit die auf dem nahen Schlosse wohnenden adeligen Herren durch das lästige Geschrei der munteren Frösche in ihrem sanften Schlafe nicht gestört würden. Doch waren solche Beispiele nicht allenthalben zu finden und viele weltliche und geistliche Herren behandelten ihre Untergebenen mit Schonung. Aber die Menge läßt sich leicht durch Aufwiegler reizen. Dazu kam die neue Lehre von dem freien Evangelium, worunter die Bauern Freiheit von Steuern und Lasten verstanden.

Im Jahre 1524 rebellirte die Gemeinde Forchheim und wollte Erleichterung ihrer Lasten. Es kamen aber bischöfliche Truppen an, welche in kurzer Zeit die Ordnung wieder herstellten. Im Spätherbste brachen Unruhen in Schwaben aus; die Sache wurde aber durch Unterhandlungen beigelegt. Im Jahre 1525 wurden die Unruhen und Empörungen der Bauern allgemein. Gleich im Januar empörten sich die Bauern des Abtes von Kempten und mit ihnen vereinigten sich die Stadtbewohner; das ganze Kloster wurde ausgeplündert. Das Glück dieser Aufwiegler reizte ihre Nachbarn im Allgäu und am Bodensee, und bald verbreitete sich der Aufruhr über ganz Schwaben, Franken, Elsaß, Rheinpfalz und Thüringen. Haufen von 10—20,000 Empörern zogen in den Provinzen umher und plünderten und verbrannten viele Burgen und Klöster. Mitunter führten diese schreckliche Grausamkeiten aus.

In Weinsberg hatten sich 70 Ritter tapfer vertheidigt und mußten sich endlich, nachdem die Burg im Sturme genommen worden war, auf Gnade oder Ungnade ergeben. Die Rittersfrauen baten die Bauern um Gnade und hielten ihre kleinen Kinder vor mit der Bitte, sie sollten doch dieser Kinder wegen deren Väter verschonen; allein die Bauern hatten kein Erbarmen; sie schlossen die Ritter auf freiem Felde in einen Kreis ein und nöthigten sie, in die ihnen vorgehaltenen Spieße zu rennen.

§. 23.
Der Bischof Weigand von Bamberg wählt Forchheim zum Aufenthaltsorte 1525.*)

Auch in Bamberg griff die Empörung um sich; die Bauern waren von zu großem wirklichen oder vermeintlichen Drucke gereizt und durch Herauspressen der Türkensteuer wuchs noch der Mißmuth. In der Charwoche 1525 erhoben sie so laut ihre Stimme, daß der Bischof Weigand von Redwitz auf die Altenburg sich flüchten mußte. Der Bischof wollte mit den Empörern im gütlichen Wege

---

*) Jäck, Geschichte Bambergs.

verhandeln. Er erschien am grünen Donnerstage auf dem Rathhause; allein diese stellten den Antrag, daß vor Allem die Güter der Geistlichen und Adeligen unter die Unterthanen vertheilt werden sollten, worauf, was man leicht denken kann, der Bischof nicht eingehen konnte; die Unterhandlung wurde darum wieder abgebrochen. Kaum war der Bischof in die Altenburg zurückgekehrt, so gab auch schon die Sturmglocke das Zeichen zur Plünderung der Burg, des Domherrnhofes, des Kanonikathofes und des Klosters Michaelsberg; nur die Domkirche blieb wegen starker Bedeckung verschont. In Bambergs Gegend verbreitete sich nun das Feuer des Aufruhrs und der Zerstörungssucht auf dem Lande, so daß fast alle geistlichen und adeligen Güter von den bei Bamberg, Ebermannstadt und Hochstadt versammelten Anführern gleichzeitig geplündert und verbrannt wurden. Senftenberg, Leienfels, Aufseß, Ebersberg, Stuffenberg, Schmachtenberg u. s. w. wurden verbrannt.

Die Bewohner Forchheims waren durch die im Jahre vorher energisch ergriffenen Maßregeln so abgeschreckt, daß sie sich an der Empörung nicht betheiligen mochten.

Was die Unterdrückung dieser Empörung am meisten erleichterte, war der Mangel an einheitlicher Führung. Jeder Haufe kämpfte für sich. Der Retter in dieser Noth wurde der Ritter Georg Truchseß von Waldburg mit einigen Tausenden ritterlichen Lehensmännern vom schwäbischen Bunde und ihrer reisigen Knechte. Unter seinem Befehle hatte er 2000 Reiter, 18 Geschütze und

6000 Landsknechte, die zudem häufig zu meutern drohten und damit machte er in 7 Monaten dem Bauernkriege ein Ende. Bei Günzburg schlug er 4000 Bauern, zog dann an die Donau und von da in's Würtembergische; bei Beblingen blieben 8000 Bauern auf dem Kampfplatze. Er rückte dann gegen Würzburg vor, wo er die Belagerten auf dem Liebfrauenberge befreite; hierauf zog er über Schweinfurt nach Bamberg.

Am 25. Juni ritt der oberste Feldhauptmann, Georg Truchseß, in Bamberg ein und rief den Stadtrath und die Gemeinde in den Hof beim Dom (Burgplatz), um dem Bischofe neue Erbhuldigung leisten zu lassen. Die Bürger mußten dann versprechen, sich allen ferneren Aufruhrs zu enthalten, alle vorigen Abgaben wieder zu leisten, alle geraubten Gegenstände zurückzugeben und den Adel und die Geistlichkeit zu entschädigen. Das Bundesheer zog dann über Forchheim nach Schwaben zurück.

Forchheims Treue und Ergebenheit bewogen den Bischof, es zum Aufenthaltsorte zu wählen und sich da mit Rittern und Geistlichen über die Art der Entschädigung zu berathen. Hernach ließ der Bischof die Schuldigsten strafen, 12 wurden enthauptet und 5 fl. von je 100 fl. mußte Jeder entrichten, der an der Empörung Theil genommen hatte.

Diese Empörung kostete ungefähr 50,000 Bauern das Leben.

Noch zu bemerken ist, daß im Jahre 1524 ein Prediger der neuen Lehre in der Pfarrkirche auf die Kanzel stieg und eine Predigt hielt. Von ihm ging in Forchheim allgemein das Gerücht: „Der Teufel habe ihn von der Kanzel geholt"*), was dahin zu erklären ist, daß wahrscheinlich die Behörden gleich denselben zu einem der Stadtthore hinausschafften mit der bestimmten Weisung, sich ja nicht mehr in Forchheim blicken zu lassen.

§. 24.
Streitigkeiten wegen Kirchen- und Lehen-Rechte beendigt 1535.

Zwischen dem Bamberger Bisthum und den Markgrafschaften Ansbach und Bayreuth gab es seit Jahrhunderten wegen der Kirchen- und Lehen-Rechte Streitigkeiten. Jeder Theil glaubte sich im Rechte. Um nun diesen langwierigen Streitigkeiten ein Ende zu machen, kam man darin überein, einen Schiedsrichter aufzustellen, welcher entscheiden sollte, wer von beiden und in wie weit er Recht habe. Bischof Christoph von Augsburg übernahm nach beiderseitiger Einwilligung das Schiedsrichteramt, und so wurde am 1. Juli 1535 eine Ausgleichung erzielt.

§. 25.
Gereons-Kapelle, errichtet 1537.**)

Diese Kapelle wurde zu Ehren des hl. Gereon gebaut. Gereon war ein tapferer Offizier bei einer der römischen Legionen, welche den Namen

---

*) Döllinger's Reformationsgeschichte. Bd. II.
**) Aus Pfarrakten.

„thebaische Legion" führte. Als zu Zeiten der Diokletianischen Christenverfolgung der Mitkaiser Maximinian um das Jahr 304 dieser Legion, welche aus Christen bestand, befahl, einem Götzenbilde Opfer darzubringen, weigerte sich die Legion einstimmig, dies zu thun. Gereon war gerade mit einer Abtheilung von 318 Mann zu Köln, als der Befehl kam, das Todesurtheil an diesen Verächtern der Götter zu vollziehen. Alle wurden mit dem Schwerte hingerichtet und ihre Leichname in einen großen Brunnen geworfen. Gereon war also ein Martyrer — ein Blutzeuge Christi.

Die Gereonskapelle hat laut Stiftungsurkunde: **Georg Walrab**, verheiratheter Bürger in Forchheim bei seinen Lebzeiten und aus seinen eigenen Mitteln erbaut und in derselben ein Benefizium gestiftet, welches laut Stiftungsbriefes vom 11. Juli 1537 von dem Fürstbischofe **Weigand** zu Bamberg gnädigst bestätigt wurde.

Dieses Benefiziums jährlicher Ertrag und Genuß bestund wie folgt:

1) aus 40 fl. fränkisch an Kapitalzinsen;

2) aus 5 Pfund Pfenninge jährlichen Zins von einem Hof des Hannsen Walther zu Hausen;

3) einen halben Morgen Weingartens an der Mühllohe;

4) zwei Aecker Waldung bei Wimmelbach;

5) ein Wohnhaus nebst einem Garten daran gelegen nächst der Kapelle.

Dagegen sind von dem Stifter einem zeitlichen Benefiziaten nachfolgende Lasten aufgelegt:

1) Es soll jeder mit dieser Pfründe Belehnter jede Woche drei Messen lesen. Die erste nämlich alle Sonntage, da er dann eine Vermahnung thun wolle an das Volk, die andern beiden an den Tagen, an welchen es ihm gelegen ist.

2) Soll er Kerzen, Wein und Brod zu diesen Messen auf seine Kosten herbeischaffen.

3) Soll er jährlich das Fest der Kirchweih vorbemeldeter Kapelle mit etlichen Priestern halten.

Später machte auch eine Freifrau von Eyb in dieser Kapelle eine Stiftung.

Im Laufe der Zeit wurde kein Benefiziat mehr angestellt und die Sonntagsmesse von den Kanonikern gehalten. Noch in der Gemeinde-Rechnung des Jahres 1804 bis 1805 liest man unter den Ausgaben:

13 fl. fränkisch für Lesung von 52 gestifteten hl. Messen, bezahlt an die Stiftsherrn.

Im Jahre 1805 wurde diese Kapelle durch die Stiftaufhebungskommission zu einer **Kriegs-Magazinsniederlage** verwendet.

Im Jahre 1809 wurden die Glocken der Kapelle durch genannte Kommission von dem Thürmchen herabgenommen und verkauft. Paramente, Kelch c. c. wurden auf dem Magistratsgebäude aufbewahrt und bei Wiedereröffnung der Klosterkirche derselben zum Gebrauche überlassen. Auch gingen die gestifteten Messen auf die Klosterkirche über.

Im Jahre 1850 wurde die St. Gereonskapelle von der Stadt den **Protestanten** zu ihrem gottesdienstlichen Gebrauche überlassen.

§. 26.

Forchheim vom Markgrafen Albrecht überfallen und geplündert. 1552.

Der Markgraf Albrecht von Brandenburg war ein eroberungssüchtiger Fürst und hatte dem Kaiser Karl V. große Dienste in dem mißlungenen französischen Feldzuge geleistet. Nach Beendigung dieses Feldzuges behielt er seine Landsknechte und Reisige bei einander und begann einen Raubkrieg gegen die Hochstifte von Bamberg, Würzburg und Trier.

Im Jahre 1552 fiel er in Forchheim ein; doch hören wir einen Zeitgenossen, welcher dies selbst erlebt und Einiges darüber aufgeschrieben hat*). Da er in lateinischer Sprache es abgefaßt hat, was für viele Leser unverständlich sein würde, so gebe ich es wortgetreu in deutscher Sprache wieder.

„Im Jahre des Herrn 1551 erhielt ich Johann Henglein, Kanonikus zu Vorchheim das Benefizium im Katharinahospital. Obgleich im folgenden Jahre der Brandenburger Fürst Albertus von der Belagerung Nürnbergs hereilend mit 4 Fähnlein Fußtruppen und wenigen Reitern Forchheim unvorhergesehen überrumpelte und am 13. Mai einnahm, wo er die Einwohner ausplünderte, die Geistlichen verjagte und den Lutheranismus aufdrang: so hat doch nicht lange darnach im Herbste es wieder erobert der Bischof von Bamberg mit Hilfe seiner Verbündeten, namentlich des Würz-

---
*) Aus Pfarrakten.

burger Bischofs. Obwohl nachher großen Widerstand leistete sowohl der Markgraf selber, als auch andere lutherische Fürsten, die ihm Hilfe brachten, war das doch vergebens; ja er wurde sogar aller seiner festen Plätze beraubt, starb elend in der Verbannung und wurde zu Pforzheim in Baden begraben. Nach Zurückeroberung der Stadt und Wiedereinsetzung des Clerus und der katholischen Religion fing ich aber wieder an, das Benefizium zu versehen und das Einkommen zu beziehen."

Sonach fiel Markgraf Albrecht ganz plötzlich in Forchheim ein. Die Bewohner dachten an nichts weniger als an einen Feind. Die Leute waren ihren gewöhnlichen Beschäftigungen nachgegangen; die Einen arbeiteten auf dem Felde, die Anderen in ihren Werkstätten. Auf einmal erscholl die Schreckensbotschaft: „Der Feind bringt in die Stadt ein!" Man kann sich das Entsetzen der Bewohner denken. Es war an einem Samstag.

Da gegen die Nürnberger Straße hin Forchheim ziemlich gut befestigt war und die Thurmwächter (denn Forchheim hatte früher viele Thürme) gewiß gegen diese Seite genau bei Tag und Nacht Acht gaben, weil nur von dieser Seite Feinde sich bisher genaht hatten, so ist fast mit Gewißheit anzunehmen, daß der Markgraf mit ungefähr 700 Soldaten über Burk herkam und beim Sattlerthore eindrang. Der Beweis ist, daß der Fürstbischof, nachdem er im Herbste den Markgrafen wieder aus Forchheim verdrängte, nichts Eiligeres zu thun hatte, als noch im Herbste 1552 Basteien am Sattlerthore anzulegen.

Da die Einwohner an keinen Feind gedacht und keine Vorbereitung zur Vertheidigung getroffen hatten, so gelang dem Markgrafen mit Leichtigkeit der Ueberfall. Forchheim wurde völlig ausgeplündert. Die Soldaten stürzten in die Häuser und nahmen den Bürgern alle Werthsachen, Geld, Kleidungsstücke, Leinwand, Schmucksachen u. dgl. Auch die Kirchen wurden nicht geschont, heilige Gefäße, Kelche, Monstranzen von Gold und Silber wurden als gute Beute betrachtet und mit fortgenommen. Nachdem es nichts mehr zu plündern gab, wurden alle Geistlichen aus der Stadt verjagt und Albrecht nöthigte den Bewohnern der Stadt den Protestantismus auf. Nach ungefähr 4 Monaten (vom 13. Mai bis Michaelis, 29. September) wurde Albrecht wieder aus der Stadt verdrängt, hinterließ aber traurige Spuren seines Daseins.

Markgraf Albrecht eilte dann die Main- und Rheingegend hinab, um auch da die geistlichen Fürsten zu überfallen. Hierauf wandte er sich nach Niedersachsen, wo er ohne Unterschied der Religion katholische und protestantische Städte brandschatzte und ihr Gebiet verheerte. Bei Sievershausen im Lüneburg'schen wurde er 1553 geschlagen. Kaum hatte sich das verbündete Heer wieder aufgelöst, so setzte Albrecht seine Raubzüge wieder fort, äscherte Kunreuth, Höchstadt, später Küps, Hollfeld u. s. f. ein. Bei Schweinfurt 1554 wieder geschlagen, wurde er in die Reichsacht erklärt. Er flüchtete nach Frankreich, kehrte 1557 nach Deutschland zurück und starb einige Monate später in Pforzheim.

§. 27.

Grauſamkeiten der Schweden.

Als der Schwedenkönig Guſtav Adolph landete, waren ſeine Truppen gut disciplinirt; das Volk ſah mit Bewunderung, wie ſich das Heer zum Morgen= und Abendgebet ſchaarte, und nach Guſtav Adolph's Worten hätte Keiner in einem Weinberge gegen des Eigenthümers Willen auch nur eine Traube angerührt. Aber dieſe Ordnung währte nicht lange. Das ungewohnte Wohlleben in Deutſchland, das ſchlechte Beiſpiel der deutſchen Söldnertruppen, die ſich an die Schweden anſchloſſen, endlich daß die deutſchen Truppen die Mehrzahl bildeten, riß auch die kleine Zahl Schweden hin. Nach der Einnahme von Würzburg gab es kaum einen ſchwediſchen Soldaten, der nicht neue Kleider hatte. Im Lager bei Würzburg verkaufte man eine Kuh für einen Reichsthaler, ein Schaf für einen Stüber. Ein Schwede ſagte: „In den Liefländ'ſchen Kriegen mußten ſie oft mit Waſſer und verſchimmelten groben Brode zur Bierſuppe verlieb nehmen. Jetzt macht ſich der Finne ſein kaltes Eſſen in der Sturm= haube aus Wein und Semmeln."

Im Lager zu Nürnberg hielt Guſtav Adolph ſelbſt eine heftige Rede an die verſammelten Offiziere:

„Ihr Fürſten, Herrn und Edle", rief er aus, „ihr, die ihr helfet, euer eigen Land zu zerſtören; mein Herz erbittert ſich, da ich die Klage jetzt höre, daß ſchwediſche Soldaten für unverſchämter gehalten werden, als ſelbſt jene des Feindes. Allein es ſind

keine Schweden, es sind die Deutschen selbst, die
sich mit diesen Ausschweifungen beflecken. Hätte
ich euch gekannt, ihr Deutschen, daß ihr so wenig
Lieb und Treu zu eurem eignen Lande traget; ich
hätte kein Pferd euretwegen gesattelt, geschweige
meine Krone, mein Leben für euch eingesetzt."

Furchtbar waren die Grausamkeiten der schwe=
disch=deutschen Truppen. Bekannt ist ja die schreck=
liche That, daß sie 4 Kronachern Bürgern, welche
gefangen genommen worden waren, bei lebendigem
Leibe die Haut vom Körper abgezogen haben. Und
wer denkt nicht mit Entsetzen an die Benennung
„Schwedentrunk". Die Unglücklichen, die in
ihre Hände fielen und von denen die Schweden
vermutheten, daß sie Geld vergraben hätten, wur=
den zu Boden geworfen, ihnen die Hände und Füße
gebunden, dann der Mund aufgerissen und durch
einen Trichter Urin oder Mistjauche in den Hals
gegossen, bis der ganze Körper hoch aufgeschwollen
damit angefüllt war. Hernach legte man Bretter
auf des Unglücklichen Leib und die Schweden
sprangen auf den Brettern herum, so daß diese
Mistjauche wieder gewaltsam herausgepreßt wurde.
Die Meisten starben daran, und wer mit dem
Leben davon kam, empfand diese unmenschliche Be=
handlung so lange er lebte, denn der Körper, oder
wenigstens der Magen war durch eine solche un=
menschliche Behandlung zeitlebens verdorben.

Noch will ich eine Beschreibung der Chronik
von Redwitz aus einem Manuscripte geben.
Derjenige, der das schrieb, hat es selbst mit im
Schwedenkriege erlebt:

„Zu dieſer Zeith (1632) ging jammer und Noth an in Unſerem Lande, und hat mehre Jahre gewehret, da man den baldt nichts anderſt hörete, Alß Rauben, ſtelen, Morden, ſengen und brennen, die armen Leuth wurden niedergehauen, geſtochen, geſchoßen, vielen die Augen außgeſtochen, Ohren und Naſen, Glieder und Brüſte wurden ab= und ausgeſchnitten, etliche theils im Rauchſchloth uffge= hencket und Feuer unter ſie geſchieret, etliche in die Backöffen geſtoßen, ſtroh fürgemacht und angezün= det, die Daumen geſchraubet, ſpitzige Knöbel ins Maul geſtecket, daß das Bluth hauffenweiß herauß geloffen, die Fueßſohlen uffgeſchnitten, hernach Salz hinein geſtreuet, Riemen auß den Leibern geſchnitten. In Summa die große pein und unerhörte Marter, ſo ſie dem Menſchen angethan, biß ſie geſtorben oder preßhaft worden, iſt nicht zu ſchreiben. Da wurde weder alt noch jung, Edel oder Unedel, 8= jährige Mägdlein, ſowie auch 60= und 80jährige Weibsperſonen geſchendet, zu todt gemartert, her= nach außgezogen in den Teich geworfen oder uff der ſtraßen liegen laſſen, Zuletzt dorfft ſich auch kein Menſch mehr in Wäldern betretten laßen, den da war auch niemandt mehr ſicher, es war gleich in moraſt, oder in gebürgigen ſteinklüfften, denn da hatten ſie Hundt, welche uff die Menſchen abge= richtet, daß allſo Kein Menſch in ſteinklufften blei= ben kundte. Ach da ſind Viel Leuth in den Wäl= dern erſchoßen und niedergehauen worden, auch un= begraben liegen blieben" u. ſ. w."

Doch genug der Greuel! Das menſchliche Ge= müth ſträubt ſich und erſchaudert, wenn es ſolche

Grausamkeiten und Scheußlichkeiten liest! Die Furcht vor den Schweden war so tief in das Gemüth des deutschen Volkes eingedrungen, daß noch viele Jahre darnach Eltern ihren Kindern, die nicht gehorchen wollten, mit den Schweden drohten und der Volksreim hat sich erhalten:

Bet't, Kinder bet't!
Morgen kommt der Schwed,
Morgen kommt der Oxenstern,
Will euch Kinder beten lehr'n.

§. 28.
Die Schweden vor Forchheim 1631.

Nachdem der tapfere General Tilly am 17. Sept. 1631 in der für ihn unglücklichen Schlacht von Breitenfeld unweit Leipzig geschlagen worden war, zog Gustav Adolph, der Schwedenkönig, aus Sachsen durch Thüringen an den Main und eine schreckliche Zeit für das Frankenland begann. Der Fürstbischof Johann Georg II. Fuchs von Dornheim fuhr, sobald er von dem Herannahen der Schweden hörte eiligst nach Forchheim am 8. Dezember, auch die Domherrn und andere Vornehme flüchteten sich hieher. Gustav Adolph nahm Bamberg und Würzburg, rückte schnell den Main hinab, unterwarf Hanau und Frankfurt, und belagerte Mainz. In Franken ließ er seinen Feldmarschall Horn zurück. Horn ließ Bamberg auf mehren Seiten verschanzen, zog später das Regnitzthal herauf nach Forchheim und brachte den Forchheimern eine angenehme Christbescheerung.

Am 24. Dez., also am Vorabende von Weihnachten, richtete er ein starkes Kanonenfeuer gegen die Stadt. Jedoch war Forchheim für die damalige Zeit gut befestigt, und Horn mußte nach einigen Wochen wieder in das Hauptlager bei Bamberg zurück, ohne irgend einen Vortheil bei Forchheim errungen zu haben.

Es nahte nämlich Tilly, der kaiserliche General, welcher unterdessen die Trümmer seines Heeres bei Halberstadt wieder gesammelt hatte und an den Rhein und Main herauf gegen die Donau zueilte. Tilly fand Gelegenheit, auf den General Horn einen Schlag zu führen. Er war mit einem etwa 20,000 Mann starken Heere, darunter 8000 Mann bayerische Landmiliz, am Nachmittag des 9. März 1632 angekommen vor Bamberg, dessen sich der Schwede Gustav Horn einige Tage zuvor bemächtigt hatte. Tilly's Heer, das von Forchheim her marschirt war, war müde; es war Abend; dennoch begann Tilly sofort den Angriff; die Stadt Bamberg war bald in seinen Händen. Allein unter dem Schutze der Nacht konnte der fluchtartige Rückzug der Schweden nicht nach Wunsch gestört werden. An 4000 Schweden und Schwedisch-Deutsche waren gefallen und in den folgenden Tagen beeiferten sich die Bauern, an den etwa Versprengten die Blutarbeit zu vollenden. Tilly verfolgte den retirirenden General Horn bis Haßfurt.

Am 11. März wohnte der Fürstbischof mit Tilly und anderen Fürsten und kaiserlichen Generälen dem Hochamte im Dome zur Danksagung für den Sieg bei.

Allein die Freude über den zurückgetriebenen Feind dauerte nicht lange; denn als Gustav Adolph diese Nachricht erhielt, verließ er eilends die Rheingegend und Tilly zog sich vor dem nahenden Schwedenkönig in die obere Pfalz zurück, um dort sein Heer mehr zu verstärken.

So rückte nun der Schwede mit seinen gefürchteten Schaaren von Aschaffenburg, wo er Musterung gehalten hatte, immer näher in unser Land. Ende März kam Gustav Adolph in Nürnberg an, hielt da eine Rede, welche offener als irgendwo bisher sich über den Plan eines neuen absoluten Kaiserthumes aussprach. Die Nürnberger erwiderten, daß sie kein besseres Subjectum zum Oberhaupte wüßten, als Seine Majestät selbst. Was hätten auch die Nürnberger anders sagen können und dürfen?

Nachdem Gustav Adolph Nürnberg verlassen hatte, zog er in das eigentliche Bayern dem Tilly nach; zuerst gegen Donauwörth, dann an den Lech, wo ihn Tilly aufzuhalten suchte; allein Tilly ließ am 15. April an einer Brücke arbeiten, ritt zu nahe an's Ufer, eine Kugel traf ihn in das rechte Bein, man brachte ihn nach Ingolstadt, wo ihn, den greisen Feldherrn, am 30. April der Tod erfaßte.

Unterdessen war Wallenstein, auf Seite der Kaiserlichen, mit seinen Truppen über Forchheim und Bamberg gezogen. Nach seinem Grundsatze: „Der Krieg muß den Soldaten ernähren", handelten auch seine Soldaten. Da sie keinen Sold bekamen, hausten sie wie die Schweden; Mord und Plünderung und Feuersäulen bezeichneten ihren Weg.

Gustav Adolph, der unterdessen alle bayerischen Städte, Augsburg, Regensburg, Landshut, München genommen hatte, zog aus Süddeutschland diesem seinem Gegner nach und traf ihn bei Leipzig am 6. November 1632, wo Gustav Adolph fiel. Doch kehren wir zurück zur Geschichte Forchheims.

§. 29.

Forchheim erhält den General von Schletz zum Festungs-Commandanten 1632.

Tilly hatte den kaiserlichen österreichischen General von Schletz am 26. Februar 1632 zum Festungs-Commandanten ernannt. Dieser machte mehrmal Ausfälle gegen diejenigen Ortschaften und Städte in der Nähe, welche zu Gustav Adolph hielten. Am 15. Juni 1632, am zweiten Pfingsttage, überfiel die kaiserliche Besatzung zu Forchheim den Ort Baiersdorf, plünderte und steckte ihn in Brand. Baiersdorf zählte damals 105 Häuser und 2 Mühlen. Einige Tage darauf zerstörte von Schletz das Schloß Scharfeneck durch Feuer und machte es zur Ruine, welche wir heute noch sehen können. Von da zog er nach Erlangen, welches ebenfalls geplündert und verbrannt wurde, nur 16 Häuser blieben noch stehen; auch die in der Nähe von Erlangen und Baiersdorf liegenden Ortschaften wurden ausgeplündert und verbrannt.

Bei Forchheim hatten sich viele Croaten gelagert, welche bis in die Gegend von Bayreuth herumschwärmten, plünderten und die Dörfer in Feuer aufgehen ließen, z. B. Gefrees, Creußen u. s. w.

Von Forchheim aus zog der Commandant Schletz in die obere Maingegend. Am 1. Nov. hatten die bischöflichen Truppen von Bamberg Mainleus überfallen und eine große Menge Vieh geraubt. 300 Bauern verfolgten sie aber und nahmen ihnen die Beute wieder ab. Nun hatten die beiden Söhne des Hans Heinrich von Künsberg zu Wernstein den schwedischen Oberstlieutenant Reinhold von Rosen in ihrem Schlosse Wernstein aufgenommen, welcher den Bambergern großen Schaden zufügte und viele Dörfer zu wöchentlichen Lieferungen nöthigte, ja selbst Weismain, jedoch vergeblich, bestürmten.

Zur Rache dafür brach Friedrich von Schletz zu Forchheim am 20. November mit 800 Mann zu Roß und Fuß und einem Feldstücke auf, zog nach Weismain, vereinigte sich mit dem Bamberger Landvolke und rückte den Maingrund hinauf. Da erklangen die Sturmglocken und Trommeln durch das Thal. Die Bauern griff Schletz mit dem Feldstücke an, sprengte sie auseinander, und als diese nach Wernstein fliehen wollten, so wurden sie von Schletz'schen Reitern, die in einem Hinterhalte lauerten, überfallen und an dem Orte, welcher heute noch Röthen heißt, niedergehauen.

§. 30.

Forchheim von den Schweden belagert im Jahre 1633.

Traurig war der Zustand des Frankenlandes am Schlusse des Jahres 1632. Die meisten Orte lagen in Schutt und Asche, alles frohe Leben schien erstorben. Selten hörte man einen anderen Laut, als das Wehklagen eines Unglücklichen oder Geräusch der Waffen. Die Felder waren meist unbestellt und mit Gebüsch und Dornen bedeckt. Viele Einwohner waren in andere Länder geflohen, um da Ruhe und Sicherheit zu finden. Andere verbargen sich in Höhlen und Felsenklüften, aus denen sie, wenn der Hunger und das Elend sie hervortrieb, gleich Schattenbildern und wilden Thieren ähnlich hervorkamen. Diejenigen, welche in ihren Wohnungen blieben, schwebten in steter Todesgefahr; ein rauschendes Blatt trieb sie in Furcht und in die Flucht.

Aber auch für Forchheim begann im Jahre 1633 wieder eine angstvolle Zeit. Herzog **Bernhard** von Weimar, der auf Seite des Schweden stand, benutzte das ruhige Winterquartier Wallensteins, welcher sich wieder nach Böhmen zurückgezogen hatte und fiel in Franken ein. Der schwedische **Oberst Kratz** lagerte sich bei Forchheim; am 1. März zog auch die feindliche Reiterei, die zu Bamberg und Umgegend lagerte, nach Forchheim, und

am 3. März 1633, am Kunigundentage, wurde von den Schweden ein allgemeiner Angriff auf Forchheim gemacht. Schletz vertheidigte sich aber tapfer; die Schweden wurden zurückgeschlagen und flohen wieder nach Bamberg.

Die Schweden ließen sich dadurch nicht abschrecken und rückten gegen Ende März abermals gegen Forchheim vor; Herzog **Bernhard** kam selbst und hielt bei Forchheim auf einer Anhöhe (wahrscheinlich in der Richtung gegen die oberen Keller hin). Als man einen Gefangenen vor ihn brachte, den er nach einem alten Thurme fragte, aus welchem man eine Bastei gemacht hatte, sauste eine Kugel vor seinen Ohren vorüber. Da zog Herzog Bernhard seinen Hut ab und sprach: „Ihr Forchheimer, ich danke euch schön, daß ihr mich so empfangen habt." Diesen Schuß hatte ein Forchheimer Bürger gethan.

Den ganzen Sommer hindurch lagerten die Schweden vor Forchheim; allein Soldaten, wie Bürger wetteiferten im Widerstande gegen die Schweden, so daß der Feinde Absicht, Forchheim zu erobern, vereitelt wurde.

Gegen Anfang Oktober zogen die Feinde alle von Forchheim ab nach Bamberg zu, und es wurde deßwegen dahier am 15. Oktober ein großes Siegesfest gefeiert. Drei Salven von je 300 Musketieren wurden gegeben, und 3mal 50 Kanonenschüsse gelöst; in der Pfarrkirche hielt der Prälat vom Kloster Langheim das Hochamt.

§. 31.
Forchheim von den Schweden belagert 1634.

„Man darf den Tag nicht vor dem Abend loben", sagt ein altes Sprüchwort, und so ging es auch mit dem Jubelfeste in Forchheim. Die Bewohner Forchheims glaubten, daß jetzt alle Gefahr für die Stadt vorüber wäre und daß die Schweden nicht mehr in diese Gegend kommen würden; allein im Jahre 1634 thürmten sich für Forchheim wieder schwere Gewitterwolken auf, und die Gefahren für die Stadt wurden größer, als in den vorhergehenden Jahren.

1634 zogen alle Schweden vom 17. Juni an aus Bamberg gegen Forchheim, alle Tage kamen neue Truppen bis zum 21. Juni. Bernhard von Weimar wollte um jeden Preis Forchheim erstürmen. Heftig ertönte am 21. Juni der Kanonendonner, und schon Nachmittags wurden verwundete Schweden nach Bamberg gebracht. Der General Schletz vertheidigte sich tapfer; die Feinde litten großen Schaden; täglich kamen Schelche mit Verwundeten nach Bamberg. Als Bernhard den Forchheimern drohte, Alles in der Nähe nieder zu brennen, bis sie die Stadt aufgeben würden, antworteten diese: „sie hätten noch Wein und Bier genug zum Löschen".

Bernhard führte seine Drohung am andern Tage, am 25. Juni aus; 9 Dörfer gingen in Rauch auf, unter diesen Reuth, Mürsberg, Kirch-Ehrbach, Herolzbach, Burk (von Burk blieben nur 3 Häuser übrig), Ziegelhütte, Gosberg.

Bernhard war erbittert über den Widerstand Forchheims; die Leute aus den benachbarten Dörfern waren in den Wäldern nicht mehr sicher und wurden wie das Wild gehetzt. Die schrecklichsten Grausamkeiten wurden verübt. Die Forchheimer aber machten täglich Ausfälle. Der Herzog ließ mehre hunderte Baumstämme fällen, um die Festungsgräben auszufüllen, aber umsonst. Er ließ das Wiesent-Wasser abgraben und die Wiesent aus ihrer künstlichen Leitung bei Reuth in ihr ursprüngliches Bett zurückleiten, damit die Bewohner Forchheims kein Trinkwasser mehr hätten. Noch heute ist diesem Theile des ursprünglichen Wiesentbettes der Name „**Schwebengraben**" geblieben. Das die Stadt durchfließende Wasser, die Wiesent, wurde in früherer Zeit künstlich in die hiesige Stadt geleitet. Man darf nur den Lauf des Flußbettes aufmerksam verfolgen, so kann man das genau erkennen.

Allein die Absicht Bernhard's wurde nicht erreicht, in der Stadt hatte man Wasser genug, Bernhard schadete sich dadurch nur selbst. Denn das auf die Wiesen geleitete Wasser verdarb das Futter. Freilich zum Mahlen des Getreides fehlte Wasser und die Forchheimer errichteten eine Pferdsmühle, in der Gegend der jetzigen Chevauxlegers-Kaserne.

Die Forchheimer Besatzung machte häufig Ausfälle; die stärksten am 1. und 3. Juli; sie zerstörte am 3. Juli sogar die Brücke, welche die Schweden über das Wasser gebaut hatten. Da die Anführer der Schweden sahen, daß hier keine Ehre zu ernten sei, wurden sie theilweise unzufrieden; deßhalb zog Bernhard ab und Kratz führte wieder den Oberbefehl; am 14. Juli wurde auch dieser, welcher versprochen hatte, Forchheim ohne den Gebrauch eines Stückes (Geschützes) zu nehmen, krank auf dem Wasser nach Bamberg geschafft.

Da die Zahl der Belagerer sehr geschmolzen war, befehligte Oberstlieutenant Obleb den Rest der schwedischen Truppen; bei einem Angriffe ge= rieth er persönlich in Gefahr, wollte sich nicht ge= fangen geben und wurde mit Musketen erschlagen. Er wurde nach Kriegsbrauch in der Stadt be= graben und später den Schweden um 600 Thaler wieder ausgegraben und übergeben.

Am 27. Juli machten die Forchheimer wieder einen Ausfall in's schwedische Lager, verdarben die Schanzen und thaten großen Schaden. Bei den Schweden fing Mangel an Geschützen und Pulver an, und am 14. August Nachts brachen die Schwe= den aus dem Lager auf, verbrannten viel Getreide, welches sie nicht mitnehmen konnten und marschirten in aller Eile nach Bamberg.

Am 15. August konnten die Bewohner Forch= heims wieder freier athmen, denn kein Feind war mehr in der Nähe und sicher wird dieser Marien= festtag mit größter Feier begangen worden sein.

Bernhard von Weimar eilte mit seinen Trup= pen nach Nördlingen, wo des Kaisers Ferdinand des II. gleichnamiger Sohn den Oberbefehl über= nommen hatte. Bei Nördlingen wurden aber der Herzog Bernhard von Weimar und Gustav Horn am 7. September 1634 gänzlich auf das Haupt geschlagen; mehr als 12,000 Schweden blieben auf dem Kampfplatze. Von nun blieb Franken, überhaupt das südliche Deutschland von den Schwe= den verschont.

Am 16. August 1634 zerstörte die Forchheimer kaiserliche Besatzung die letzten 16 Häuser von Er= langen, so daß die Stadt ein Trümmerhaufe war.

§. 32.
Folgen der Schwedenbelagerung in Forchheim.

Die Bewohner Forchheims hatten das Glück, keinen feindlichen Schweden in ihre Stadt eindringen zu sehen. Die Festigkeit der Mauern und die Tapferkeit der Soldaten und Bürger setzten den heftigen Angriffen der Schweden den nothwendigen Widerstand entgegen. Nichts desto weniger blieb die Stadt in dieser schrecklichen Zeit von Unglücksfällen nicht verschont.

Leute der Umgegend von Gosberg, Reuth, Pinzberg u. s. w. hatten sich hieher geflüchtet, um Schutz und Sicherheit zu finden. Dazu kam die Menge Soldaten, welche hier lagen zur Vertheidigung der Festung. Als nun die Schweden vor der Stadt lagerten und alle Zufuhr abschnitten, entstand Mangel an Lebensmitteln und in Folge dessen ansteckende, pestartige Krankheiten.

Wie die Pfarrbücher aus dieser Zeit nachweisen, starben oft mehrere aus einem Hause, aus einer Familie an ein und demselben Tage. Vor dem Schwedenkriege konnte man in Forchheim durchschnittlich im Jahre 45 Sterbefälle rechnen,

so im Jahre 1629   47,
               1630   43.

Dabei muß ich bemerken, daß in diesen Listen der Gestorbenen Kinder unter 3 Jahren nicht aufgezeichnet sind.

Kaum hatte die Belagerung begonnen, so häuft sich die Anzahl der Sterbefälle in bedenklicher Art.

Im September 1631 starben 5 Personen, im Oktober 3, im November 6, dagegen im Dezember, wo Feldmarschall Horn die Stadt belagerte, 29 Personen. Man könnte entgegnen, unter den Verstorbenen werden viele Soldaten gewesen sein, die vom Feinde getödtet wurden; allein mit Ausnahme von einigen Offizieren sind nur ein paar Soldaten in den Sterbregistern erwähnt; es scheint, daß die Soldaten, welche bei den Angriffen und Ausfällen umkamen, gleich eingegraben wurden.

Im Jahre 1632 im Januar 42 Gestorbene, darunter ein Soldat, Jobst Jugmann, der Stadt und Festung Wachtmeister;

im Februar 23, darunter Hanns Kohler, Scharfrichter;

im März 32, darunter Georg Mörlein, Vikar von St. Stephan zu Bamberg, von den Soldaten heftig verwundet;

im April 64, darunter ein Freiherr aus England, Richard Mitschines, Capitain einer Compagnie Dragoner;

im Mai 55, darunter Margaretha Weberin, gewöhnlich die „Nummermeigel" genannt;

im Juni 42, darunter Michael Wolf von Eckolsheim, von einem Soldaten durchstochen;

im Juli 46, darunter Hanns Rückenschuh, Jüngling, von Soldaten verwundet;

im August 63;

im September 69, darunter Hanns Link von Kersbach, Oberstwachtmeister, und Adalbert Sterinski, Oberst über die Polacken, ist am 26. bei Höchstadt von den Schweden erschossen worden;

im Oktober 66; im November 44; im Dezember 32. Somit im Ganzen 578 Personen.

Sonach starben in Forchheim in dem einzigen Jahre 1632 über ein halbes Tausend Leute; dreizehn Mal mehr als in den früheren Jahren. (Ungerechnet die gefallenen Soldaten).

Im Jahre 1633 wurde die Zahl der Todesfälle wieder geringer, besonders nachdem im April oder Ende März Bernhard von Weimar wieder abgezogen war.

Im Januar starben 11,
" Februar " 16,
" März " 41,
im ganzen Jahre 1633 starben 129 Personen.

Im Jahre 1634 kamen die Schweden erst Ende Juni; daher in den ersten Monaten die Zahl der Gestorbenen gering ist. Januar 1, Februar 2, März 2, April 2, Mai 4, Juni 2. Im Juli nimmt mit der Belagerung auch wieder die Zahl der Gestorbenen zu:

Juli 16,
August . . . 18,
September . . 42,
Oktober . . . 71,
November . . . 15,
Dezember . . . 9.

Im Monate Oktober 71 Gestorbene, welch' eine beträchtliche Menge für eine Stadt wie Forchheim!

Nicht nur, daß während der Belagerung in der Stadt Seuchen herrschten, hatten auch noch die Bewohner der Stadt viel zu leiden von den eigenen Soldaten. Damals gab es keine

Konskription, sondern brauchte man Soldaten, so wurde in den Städten und Dörfern die Werbetrommel gerührt, die Soldaten wurden angeworben und erhielten als Unterpfand für ihren Eintritt zum Militär ein Handgeld. Bei diesen Söldnertruppen konnte nicht immer strenge Disciplin gehandhabt werden. Die kaiserlichen angeworbenen Truppen sahen das schlechte Beispiel der schwedischen Söldnertruppen und ahmten es nach. So wurden viele Einwohner Forchheims von diesen Söldnern, obwohl sie als Freunde da waren, beraubt, mißhandelt u. dgl. Wie schon erwähnt ist, wurden mehre Einwohner so verwundet, daß sie daran starben, wie Vikar Mörlein, Michael Wolfgang, Hanns Rückenschuh. Die Bedrückungen und Gewaltthätigkeiten nahmen so überhand, daß die Bewohner der Stadt sich nicht anders mehr helfen konnten, als eine Deputation an den Oberfeldherrn Tilly zu senden mit der inständigen Bitte, er möge doch Abhilfe ihnen angedeihen lassen. Tilly forderte den Commandanten Schletz zur Verantwortung auf. Allein Schletz berief sich in seiner Rechtfertigung darauf, daß er die den Bürgern zugefügten Unbilden bedauere, aber nicht im Stande sei, bei der Rohheit seiner Soldaten dies zu verhindern.

Als der Schwedenkrieg in Franken 1634 vorüber war, standen 40 Häuser in Forchheim ganz leer; die Leute waren entweder an den herrschenden Seuchen gestorben, oder ausgewandert. Nach diesen Belagerungen muß die Zahl der Einwohner äußerst gering gewesen sein, wenn man nach den Sterbregistern schließen darf; denn

im Jahre 1635 starben 19 Personen,
„   „   1636   „   18   „
„   „   1637   „   17   „

§. 33.
Kirchthurmbrand 1669.

Im Jahre 1669 schlug der Blitz in den Thurm der Pfarrkirche und zündete. Der obere Theil des Thurmes brannte ab und fiel auf das Langhaus der Kirche. Das Kirchdach wurde dadurch sehr beschädigt und mußte wieder neu aufgerichtet werden; die 4 Glocken der Pfarrkirche zerschmolzen und wurden 1670 umgegossen.

Der Thurm war früher zwei Stockwerke höher.

§. 34.
Das Stauwerk errichtet 1683.

Bischof Marquard Sebastian ließ 1683 das das Stauwerk errichten. In Folge dessen können die Gräben der meisten Straßen und Gassen der Stadt mit Wasser aus dem Wiesentflusse versehen werden, was besonders bei Feuersgefahr großen Vortheil bietet.

§. 35.
Franziskanerkloster und Kirche erbaut um 1690.

1685 baten Franziskaner der Straßburger Provinz, zu Forchheim Kloster und Kirche erbauen zu dürfen. Nicht uninteressant sind die Fragen, welche deswegen von dem Fürstbischof zu Bamberg, Marquard Sebastian Schenk von Stauffenberg gestellt wurden, und wie die Beantwortung dieser Fragen von Seite der Patres Franziskaner lautete.

Erste Frage:

Auf wessen Platz und Kosten die ehrwürdigen Patres Franziskaner, wie auch auf welche Form sie den Kloster- und Kirchenbau führen wollten?

Beantwortung:

Auf den von Herrn Grafen von Derubach durch unser heil. Almosen erkauften Platz, den sogenannten Schotten und Glockenhöfen auf Kosten der zu contribuirenden Patrone und Gutthäter, auf Form dessen schon untergebenen und gnädigst approbirten Bauplanzeichnung.

Zweite Frage:

Im Fall einer Belagerung, wenn der Bau den Belagerten zum Schaden dienen sollte, solle Commandant, Bürgermeister und Rath solchen demoliren oder zur Vertheidigung zurecht machen?

Beantwortung:

Dann werden wir solches wegen des überwiegenden öffentlichen Interesses nicht weigern können, jedoch hoffen wir, daß man allerseits zur Reparirung unseres ruinirten Baues wiederum mitleidig und barmherzig nach Belieben verhelfen werde.

Dritte Frage:

Ob bei erst genannter Belagerung, wenn vielleicht wegen Mangel des Brods oder andrer Lebensmittel sie sollten aus der Stadt geschafft werden, oder wann in Ermangelung der Personen zu gewissen Arbeiten, z. B. zum Kugelgießen u. dgl. sie verwendet würden, sie sich dazu verstehen wollen?

Beantwortung:

Bei solcher Begebenheit und Noth wollen und werden wir uns zu allen uns Geistlichen möglichen und anständigen Arbeiten verstehen und verwenden lassen.

Vierte Frage:

Ob ein beständiger Chor bei Ihnen wäre?

Antwort:

Ja, bei Tag und Nacht.

Fünfte Frage:

Wie viele religiöse Personen sie gedenken, immer zu halten, damit wegen des heil. Almosens die Stadt- und Landbewohner nicht zu sehr beschwert werden?

Antwort:

Nicht mehr, als zu einem Formal-Klösterlein äußerst vonnöthen, nämlich 12 Personen.

Sechste Frage:

Ob, in Zeit der Pestilenz oder anderer ansteckender Krankheiten, da der Stadtpfarrer dieser Bürde unterliegen thäte, sie einen oder den andern exponiren (eine Wohnung außer dem Kloster geben) wollten?

Beantwortung:

Auch dieses gern und liebreich, jedoch müßte die Gemeine sorgen für die dazu nöthigen Sachen, als eine absonderliche Wohnung auch Unterhaltung in Kost und Mediziniren.

Die Erlaubniß zum Bauen wurde ertheilt und Kloster- und Kirchenbau war 1693 vollendet.

Im Anfange dieses Jahrhunderts wurde die Franziskaner Kirche als **Kriegsmagazin-Niederlage** verwendet und Zwieback, Heu, Stroh und dergleichen aufbewahrt, denn in Folge der Säcularisation betrachtete man diese Kirche als Staatseigenthum.

Im Januar 1811 las Pfarrer Reuder in der Klosterkirche eine hl. Messe, er wurde dafür von dem königl. Generalkommissär des Rezartkreises, Dörnberg, zu einer Geldstrafe von 5 Thalern zum Besten des Forchheimer Armenfonds und zur Herausgabe der Kirchenschlüssel verurtheilt. Die Strafe wurde nicht vollzogen, weil sich das Generalvikariat mit dem Generalkommissariate verständigte.

Am 2. Mai 1811 wurde die Kirche wieder den Franziskanern übergeben mit der Bedingung, die Instruktion in Betreff der vom Generalvikariate geregelten Gottesdienstordnung genau zu befolgen, wobei als Hauptgrundsatz galt: „Kein Gottesdienst in der Klosterkirche kann und darf jenen in der Pfarrkirche stören."

Am 19. Mai 1830 kam ein allerhöchstes Rescript, nach welchem das Franziskanerkloster bis Ende Mai geräumt sein müsse.

Im Jahre 1843 schenkte König Ludwig I. die Klosterkirche und Klostergebäulichkeiten der Stadt.*)

---

*) Ministerialrescript vom 22. Februar 1843.

Mehre Bürger der Stadt reichten im Jahre 1838 eine Vorstellung beim Ministerium des Innern ein um Wiederherstellung eines Franziskaner=Klosters; allein die Verhandlungen verzögerten sich, bis im Jahre 1844 der Stadtmagistrat sich mit dem Provinzial der Franziskaner in Einvernehmen setzte, um die Bedingungen zur Wiederbesetzung des Klosters festzustellen. Die Verhandlungen führten zu keinem günstigen Resultate; es wurde keine Vereinbarung erzielt und das Kloster ist seit 1850 in eine Kaserne umgewandelt.

§. 36.
Forchheim im 7jährigen Kriege.

Der 7jährige Krieg, in welchem die Preußen in manchen Theilen Frankens, besonders in dem Bamberger fürstbischöflichen Gebiete arg hausten, ging auch für Forchheim nicht spurlos vorüber.

1758, am 6. Juni, nahm der preußische Generallieutenant v. Driesen, da er voraus sah, daß er mit seinen Geschützen und Soldaten gegen die Festungsmauern wenig ausrichten würde, zu andern Mitteln seine Zuflucht und suchte den Commandanten in Forchheim, Friedrich von Redwitz, durch List zur Uebergabe zu veranlassen, allein sein Plan mißlang.

1762 eilte der berühmte preußische General Kleist herbei, um die Festung zu überrumpeln; allein die Besatzung war auf ihrer Hut und vertheidigte die bedrohten Punkte wacker, so daß Kleist nicht in die Stadt eindringen konnte, sondern ohne Erreichung seines Zweckes wieder abziehen mußte.

§. 37.

Forchheim in den französischen Kriegen.

Im Jahre 1796, Anfangs August, waren viele österreichische Truppen in der Stadt einquartiert. Da rückte die französische Armee unter Marschall Ney von Nürnberg her gegen Forchheim vor. Am 6. August Nachmittags flogen schon einzelne Kugeln gegen die auf den Wällen stehenden Oesterreicher, welche es aber vorzogen, die Stadt zu verlassen, so daß am Morgen des 7. August kein Oesterreicher mehr in der Stadt war. Gegen Mittag entspann sich zwischen Forchheim und Eggolsheim in der Nähe des sogenannten Eichswäldchens ein heftiges Gefecht, welches vielen hunderten Soldaten das Leben kostete und mit dem Rückzuge der Oesterreicher endete. Die Oesterreicher retirirten auf der Bamberger Straße, und da ihnen die Franzosen auf dem Fuße folgten, sahen sie sich, um nur einigermaßen einen Vorsprung zu gewinnen, genöthigt, das Dorf Strullendorf in Brand zu stecken.

Von da an lagen immer französische Truppen in Forchheim, und wie andere Städte, so hatte auch Forchheim, besonders in den Jahren 1811 auf 1812 viele Truppendurchmärsche. Kaum hatte ein Bataillon die Stadt durchzogen, so kamen schon wieder neue Truppen mit hungrigem Magen und verlangten Lebensmittel.

Am 25. Februar 1803 kam unter der Vermittlung Frankreichs und Rußlands der Reichs-Deputationshauptschluß zu Stande, wonach die Vertheilung oder Unterwerfung der schwächeren Reichsstände unter einheimische und ausländische Herren bestimmt wurde. Bayern erhielt die Hochstifte Würzburg, Bamberg, Freising und Augsburg, sowie die meisten dazwischen liegenden Prälaturen und Reichsstädte in Franken und Schwaben. Somit kam das Hochstift Bamberg, wozu Forchheim gehörte, zu Bayern.

§. 38.
Forchheim seit den französischen Kriegen.

Kaum war die Kriegesfurie nach langem Toben zur Ruhe gebracht, so kam ein neuer Feind in unser Vaterland — die Hungersnoth.

Im Jahre 1816 regnete es den Sommer hindurch fast beständig, und die außerordentliche Menge Regen verursachte nicht allein große Ueberschwemmungen, sondern verhinderte das Wachsen und Gedeihen der Feldfrüchte, so daß das zu den nothwendigsten Lebensmitteln erforderliche Korn nicht vorhanden war. Der Preis aller Lebensmittel stieg zu einer enormen Höhe.

Der Scheffel Korn kostete in Forchheim 60 fl.,
„   „   Weizen   „   „   „   85 „
„   „   Gerste   „   „   „   45 „

Der 12 Kreuzerlaib schwarzes Brod wog 1 Pfund 3 Loth, so daß das Pfund Brod 10 kr. 3 Pf. kostete.

Das Pfund Rindfleisch kostete 14 kr.,
„   „   Schweinefleisch „ 26 „

Die Maß Bier, die sonst 3 kr. kostete, kostete 8½ Kreuzer.

Die Noth war fürchterlich. Die ärmeren Leute nahmen zu Gräsern und Wurzeln ihre Zuflucht, um nur einiger Maßen ihren Hunger zu stillen. Gar Manche rieben die getrockneten Queckenwurzeln und mischten sie unter das Brod. Viele aus der ärmeren Volksklasse wurden durch unverdauliche Nahrungsmittel krank oder starben daran. Zum Glück war im Jahre 1617 eine **gesegnete Ernte**, welche allgemein durch Dankfeste gefeiert wurde, und der erste eingebrachte Wagen mit Getreide wurde in allen Gegenden Deutschlands, so auch in Forchheim, im festlichen Triumphe eingeführt.

Im Jahre 1844 Eröffnung der **Eisenbahn** zwischen Nürnberg und Bamberg.

Im Jahre 1845 wurde der **Kanal**, welcher die Donau mit dem Maine verbindet und bei Forchheim vorüberführt, begonnen; vom Könige Ludwig I. von Bayern auch vollendet. Schon Karl der Große hatte tausend Jahre früher vor, diesen Plan zur Erleichterung des Verkehrs und zur Beförderung des Handels auszuführen.

Noch heute zeigt man bei Forchheim beim sogenannten Büg Spuren der unter Kaiser Karl angefangenen Kanalarbeiten. Allein die vielen Kriege, welche Kaiser Karl der Große zu führen hatte, so wie andere Schwierigkeiten, welche sich dem großartigen Unternehmen entgegenstellten, waren die Ursachen, warum Karl seinen Plan nicht durchführte. Dem Könige Ludwig gebührt das Verdienst, den Plan Karl des Großen verwirklicht zu haben. Hätte aber König Ludwig damals gewußt, welche wichtige Rolle die Eisenbahnen in der Leichtigkeit und Schnelligkeit des Transportes, im Länder- und Völkerverkehr spielen würden, so hätte er wahrscheinlich den kostspieligen Bau des Kanales unterlassen.

Im Jahre 1865 wurde in Forchheim die Beleuchtung mit Gaslicht eingeführt.

§. 39.
Befestigung Forchheims.

Wie schon früher erwähnt wurde, war Forchheim als Königspfalz schon theilweise befestigt durch Erdwälle und Gräben. Bessere und stärkere Befestigungen ließ Heinrich I. um 930 anlegen. Daß die Stadt in den früheren Jahrhunderten nicht den Umfang und die Form der Befestigung hatte, wie wir sie vor uns sehen, kann sich Jeder leicht erklären.

In diesen Zeiten wurden die Straßen so eng als möglich gebaut, ebenso enge waren auch die alten Thore resp. Thürme, welche aber alle am Ende vom vorigen Jahrhunderte, um das Jahr 1786 abgetragen wurden. Nur ein einziges Thor steht noch, welches früher das Salthor (vielleicht für Salier — Thor) genannt wurde. Von diesem Thore wurde ein Stockwerk abgetragen und mit einem neuen Dache versehen und wird jetzt als Militärarrestlokal benützt. Das bei Anlage der Festung neu gebaute Thor heißt jetzt Sattlerthor; warum es den Namen „Sattlerthor" erhielt, dafür kann man keinen Grund angeben.

In den früheren Jahrhunderten, ehe die Fürstbischöfe die neuen Festungsmauern erbauen ließen, waren die Festungsmauern und Festungsthürme folgende:

Von dem vorgenannten Salthore und Salthurme aus ging eine Mauer, von welcher man noch einen Theil im sogenannten Zwinger sieht, bis zum ehemaligen Bamberger Thore, welches einen ziemlich hohen Thurm bildete und der blaue Thurm genannt wurde. Dieser Thurm stand zwischen dem Hause des Nagelschmieds Wehe und des Kaufmanns Zeiler, des ehemaligen Zollhauses. Vom Hause des Nagelschmiedes Wehe ging die Mauer mit Graben längs des Schweinemarktes bis dahin, wo jetzt Kaufmann Oertel und Glasermeister Röhrer wohnen. Zwischen beiden Wohnungen stand das Reutherthor mit einem Thurm, der den Namen Mausthurm führte. Von diesem Thore aus ging die Mauer gegen das sogenannte Nürnberger Thor, wo ebenfalls ein hoher Thurm war, welcher zwischen dem Hause des Schuhmachermeisters Striegel und dem des Strumpfwirkers Schmitt stand. Dieser Thurm war früher mit einer Uhr und Glocke versehen und hieß der Bettlerthurm. Diese 4 Thürme oder Thore, an welche sich noch alte Leute in Forchheim erinnern können, wurden erst in den achtziger Jahren des vorigen Jahrhunderts abgetragen, und waren die Grenzen der zur Burg gehörigen alten Stadt; alles Andere waren Vorstädte, z. B. außer dem Nürnberger Thore hieß es: im alten Bach); außer dem Reuther Thore: im Raschenbach oder Reuther Wege.

Seine dermalige Befestigung verdankt Forchheim den **Fürstbischöfen** Bambergs im 16. und 17. Jahrhunderte.

Der raubgierige Markgraf Albrecht von Brandenburg hatte Forchheim 1552 überrumpelt und geplündert. Es scheint, daß die Befestigung gegen die Bamberger Seite, besonders in der Gegend des sogenannten Sattler Thores, mangelhaft war und daß der Feind, dies wohl wissend, über Burk herkam und da leicht eindrang. (Hier muß ich bemerken, daß man allgemein in Forchheim der Meinung ist, daß Albrecht am Frohnleichnamstage, als gerade die Prozession gehalten wurde, eingedrungen sei, allein dies ist ein Irrthum. Denn im Jahre 1552 fiel Pfingsten auf den 4. Juni. Das Frohnleichnamsfest ist aber, wie bekannt, 12 Tage nach Pfingsten; somit konnte der Einfall, der am 13. Mai stattfand, unmöglich an Frohnleichnam gewesen sein, welches im genannten Jahre erst Mitte Juni gefeiert wurde.) Kaum war Albrecht wieder aus Forchheim vertrieben, so beeilte sich Bischof Weigand, sogleich in dieser Richtung neue, stärkere Befestigungen anlegen zu lassen, wodurch Albrecht gehindert wurde, wieder in die Stadt einzudringen. Denn es scheint dem Albrecht die in Forchheim gemachte Beute gefallen zu haben, darum wollte er ein Jahr darauf die Stadt Forchheim wieder mit einem Besuche beehren, allein es gelang ihm nicht mehr.

Im Jahre 1560 ließ Fürstbischof Georg Fuchs das Bamberger Thor und eine Mauer gegen Bamberg errichten.

1567 Erbauung des Reuther Thores und der Bastei gegen Nürnberg vom Bischof Veit; auch ließ er

1570 das alte Nürnberger Thor bauen, welches aber jetzt zugemauert ist.

1578 wurde das Sattler Thor vom Fürstbischofe Johann von Zobel errichtet; noch kann man diese Jahreszahl am Thore deutlich lesen.

1605 bis 1608 Erbauung der Thorbastei gegen Reuth durch Bischof Johann Philipp von Gebsattel; überhaupt ließ Fürstbischof Johann Philipp die Stadt Forchheim ordentlich befestigen, wodurch sie mehr als früher gegen feindliche Ueberfälle geschützt war, was der Stadt besonders im Schwedenkriege zum größten Vortheile gereichte.

Ebenso beförderte Fürstbischof Philipp Valentin von Rieneck die Sicherheit des Bamberger Visthums durch neue Bollwerke und Gräben an den Festungen von Kronach und Forchheim um die Zeit von 1660—1670.

1698 ließ Fürstbischof Lothar Franz von Schönborn das neue Nürnberger Thor errichten.

1746 wurde endlich das letzte Festungsbauwerk, das neue Thor gegen Reuth durch Fürstbischof Friedrich Karl von Schönborn vollendet.

Im Jahre 1838 hörte Forchheim auf, eine Festung zu sein.

Die neueren Erfindungen in der Tragweite und Wirkung der Geschosse sind von der Art, daß die vor einigen Jahrhunderten erbauten Festungen keinen großen Widerstand mehr bieten und leicht zerstörbar sind. Darum haben schon mehre Städte Bayerns, wie z. B. Augsburg, die beengenden Festungsmauern gegen die Eisenbahn hin einlegen lassen; und es würde auch viel zur Verschönerung Forchheims beitragen, wenn die Mauern und Thore gegen die Eisenbahn hin beseitigt würden. In kürzester Zeit könnte man dann Häuser an dem Wege zur Eisenbahn erbauen und so eine Eisenbahnstraße entstehen sehen. Dies würde der Stadt einen viel freundlicheren Anblick gewähren, während bisher der Eingang in die Stadt von der Eisenbahn durch das Reuther Thor bei jedem Fremden einen ungünstigen Eindruck hervorruft.

§. 40.
Nachtrag.
Erste Spuren des Christenthums in unseren Gegenden.

Geschichtschreiber Fries in seiner Chronik des Würzburger Bisthums nennt unter den Kirchen, welche Bonifazius gegründet habe, auch Forchheim, was viel Wahrscheinlichkeit für sich hat. Daß nämlich Bonifazius auch in die Gegend kam, welche wir bewohnen, läßt sich nicht bezweifeln. Willibald in dessen Lebensbeschreibung sagt: Bonifazius durchreiste die unbekannten Gegenden Bayerns, des angrenzenden Deutschlands und kam nach Thüringen. Bonifaz hat gewiß keine andere Reiseroute genommen, als die auf der allgemeinen öffentlichen Königsstraße, und diese zog sich, wie wir aus den Capitularien Karls des Großen und Ludwig des

Frommen erſehen, aus Bayern über **Forchheim** und Hallſtadt. Auch war die Grenzbeſtimmung der Bisthümer Eichſtädt und Würzburg das Werk des Bonifazius; das Würzburger Bisthum reichte nach ſeiner Einrichtung bis an die Gebirge Böhmens hinauf; Eichſtädt zog ſich bis gegen Forchheim herab. Wie hätte Bonifazius die Grenzlinie dieſer von ihm geſtifteten Kirchenſprengel beſtimmen können, wenn er nicht ſelbſt davon Augenſchein genommen hätte? Zudem ſchreibt **Zacharias** in einem vom Jahre 793 datirten Sendbriefe (bei Serrarius Seite 387) die Bekehrung unſerer Landsleute dem Bonifazius zu. In der Aufſchrift deſſelben erwähnt er nicht nur der Thüringer und andrer Völker, ſondern zählt beſtimmt unter die vom Bonifaz bekehrten Völker die Einwohner des öſtlichen Landes. Wer waren wohl dieſe öſtlichen Einwohner, als unſere Vorfahren. Gegen das Ende 741 waren die Bisthümer Würzburg und Eichſtädt ſchon errichtet. Schon im Jahre 751 waren die Bewohner der Main-, Regnitz-, Wieſent-, Aiſch-, Aurach-, Itz- und Baunach-Gegenden den für ſie beſtellten Seelſorgern durch Verordnung der fränkiſchen Könige zinspflichtig, ſie wurden Bargilbi, der Geiſtlichkeit pflichtige Gildleute, genannt. Die zu leiſtenden Abgaben waren Beiträge zur Beſoldung der für ſie aufgeſtellten Geiſtlichkeit.

§. 41.
Kunstdenkmäler.

1. Das alte Schloß, sehenswerth wegen seines eigenthümlichen Baues und wegen der Kapelle mit alten Gemälden.

Man sieht hier an den Wänden die großen Bilder der Verkündigung, der Anbetung und des Gerichts, einzelner Apostel und Scenen mit Thierformen. Es sind einfache, licht gehaltene Bilder mit Teppichgrund, ohne Schattenangabe und ohne individuellen Ausdruck.

2. Die Pfarrkirche, welche folgende Kunstgegenstände enthält:

   a) Eine silberne Monstranz, gearbeitet im reichsten gothischen Style, fein ciselirt, mit getriebenen Figuren, hat einen reinen Silberwerth von 534 fl., ist 1613 gefertigt worden und wiegt 27 Mark 13 Loth (14 Pfund).

   b) Acht Gemälde auf Holz, an den Kirchenpfeilern im mittleren Schiffe der Kirche, stellen auf der Vorderseite Scenen aus der Leidensgeschichte Jesu, und auf der Rückseite Scenen aus dem Leben des hl. Martinus dar. Diese Gemälde sind gefertigt von dem berühmten Meister Michel Wohlgemuth aus Nürnberg; am dritten Bilde: „St. Martin liest heil. Messe", soll Albrecht Dürer, der um 1488 bei dem Meister Wohlgemuth Schüler war, gemalt haben.

c) Zwölf Figuren, die **Apostel** vorstellend, sehr alt, wahrscheinlich aus dem 14. Jahrhunderte. Diese Apostelfiguren lagen lange Zeit auf dem Kirchenboden und wären dem Verderben anheimgefallen, wenn nicht Herr **Dittrich**, früherer Stadtrath, sie wieder an's Licht gebracht, auf den Kunstwerth aufmerksam gemacht und sie restaurirt hätte. Sie zieren jetzt das Mittelschiff und den Chor der Pfarrkirche.

d) Ein großes Relief, 9 Fuß hoch, 15 Fuß breit, von Lindenholz: den **Abschied Jesu** von seiner Mutter und von seinen Freunden darstellend. Es hängt oberhalb der Thüre, welche in die Glockenstube führt. Wer dieses Bild nur mit einiger Aufmerksamkeit betrachtet, wird sogleich sehen, daß es ein Meisterwerk ist. Welch' feierlicher Ernst, gepaart mit erhabener Milde ist ausgeprägt in dem erhabenen Antlitze Jesu, und welch' tiefe Betrübniß in den sanften Mienen der heil. Mutter und der sie begleitenden Frauen — —! Der Nürnberger Bildhauer **Veit Stoß** († 1542) ist der Verfertiger.

e) An der Außenseite der Kirche ist zu sehen: **Jesus am Oelberge** mit seinen 3 schlafenden Jüngern, von Sandstein, über Lebensgröße. Die schlafenden Jünger sind so naturgetreu nachgeahmt, daß man glauben möchte, man könne sie vom Schlafe aufwecken. Es ist das ein Kunstwerk von dem berühmten Bildhauer Adam Krafft aus Nürnberg († 1507 zu Schwabach).

§. 42.
Zum Schlusse.
Einige Forchheimer Sagen.

Forchheims Stadtgeschichte ist, wie Alles was sich in's tiefe Alterthum verliert, mit einem duftigen Kranze schöner Sagen umwunden. Der Mund des Volkes ist der Quell, wo diese Wunderblümlein am schönsten sprossen und fortleben. Die Märchen und Sagen sind wie seltenes Gestein, das oft probehaltiges Erz und edle Metalle enthält. Es wohnt in ihnen oft ein großer historischer Werth; darum soll man bestrebt sein, sie zu retten und zu sammeln.

1. Gründung der Stadt.

Eines reichen Grafen Töchterlein oder gar eine Prinzessin hatte ihres Vaters Schloß verlassen, um sich in der Gegend etwas umzuschauen und verirrte sich in einem großen, dichten Walde. Sie gab sich alle Mühe, wieder aus dem Walde zu kommen, sie lief, was sie konnte, allein sie fand keinen Ausweg; sie schrie um Hilfe, allein Niemand gab Antwort. Nachdem sie lange herumgewandert war, setzte sie sich matt, müde und hungrig auf den Stamm einer Eiche und schlief da ein. Nach langem Suchen habe sie der betrübte Vater mit seinem Gefolge endlich gefunden. Zum Dank, daß er sein liebes Töchterlein wieder erhalten hatte, baute er auf dem

Platze, wo er es eingeschlafen gefunden hatte, eine Marienkapelle, die noch zum Wahrzeichen den Eichenstock auf dem Dache trägt. Um die Kapelle herum siedelten sich nach und nach Leute an, bauten Häuser und so entstand die Stadt Forchheim.

2. Forchheim — Geburtsort des Pontius Pilatus.

Der römische Landpfleger Pontius Pilatus soll zu Forchheim geboren sein; darum der uralte Spruch:
Forchemii natus
Pontius ille Pilatus.

Noch heute zeigt man auf dem Wege nach Hausen den Pilatuswald, weil dieser Wald früher dem Pilatus gehörte. Viele Jahrhunderte hindurch war im Zeughause seine Hose zu sehen, eine aus Bast geflochtene Ritterhose; allein der Zahn der Zeit hat auch an dieser Hose seine Rechte geltend gemacht und sie vernichtet.

3. Festungsbau.

Bei dem Baue der Festung Forchheim waren die Steinmetzen gar gut bezahlt; der Mann erhielt jeden Tag drei Silberheller. Da hat man denn flott gelebt. Man trank Wein, ließ sich von den Musikanten aufspielen und tanzte. Ja selbst den Mörtel soll man mit Wein angemacht haben.

4. Hundsbrücke.

Der Kirchenräuber, welcher zu Bamberg die alte Martinskirche ausraubte und die heil. Hostien auf dem Wege ausschüttete, wurde zu Forchheim auf einer Brücke von den Hunden gepackt und dann festgenommen. Die Brücke heißt darum heute noch die Hundsbrücke.

5. Zerstörung des Baiersdorfer Schlosses.

Die Baiersdorfer, früher von den Forchheimern Strickreiter genannt, waren den Forchheimern nicht gut; schimpften sie Säuteufel und schikanirten sie, wo sie nur konnten. Da zog nun ein Fähnlein Reiter aus und zerstörte das Baiersdorfer Schloß, das so viel Fenster hatte, als Tage im Jahre sind.

6. Der Thurmbrand.

Es schlug einmal der Blitz in den Pfarrthurm und zündete. Die Flammen prasselten lichterloh empor. Der Thürmer schrie jämmerlich; er konnte nicht mehr herunter und Niemand konnte hinauf, ihm zu helfen. In seiner Noth zog er seinen weiten Mantel an, nahm unter jeden Arm eines seiner kleinen Kinder, spannte seinen großen Familien-Regenschirm auf, empfahl sich der allerheiligsten Dreifaltigkeit und dem hl. Schutzengel und wagte den gräßlichen Sprung. Der Wind fing sich glücklicher Weise in dem Mantel des Thürmers und trug ihn weiter. Als er in der Nähe der Kirchnerswohnung vom Winde vorübergetragen wurde, fiel ihm eines seiner Kinder von dem Arme herab und wurde auf der Erde zerschmettert aufgefunden. Der Thürmer aber wurde vom Winde bis an den Rand der Regnitz getragen, wo er ganz gelinde niederfiel. Der Vater war unversehrt geblieben, aber das andere Kind war auch todt; es war unter dem Mantel erstickt. Lange stand auf dem Platze eine Säule.

7. Wiederaufbau des Thurmes.

Nachdem der Thurm niedergebrannt war, war guter Rath theuer. Es war kein Geld vorhanden. Die Bürgerschaft war in größter Verlegenheit und nicht minder der hochweise Rath, woher die Mittel zum Wiederaufbau des Thurmes zu beschaffen wären? Da setzte es gar manche heftige Debatte ab; Jeder wollte etwas Gescheideres wissen, allein kein Vorschlag wurde angenommen. Einmal, wo es ganz besonders stürmisch herging, trat ein schlichter Bürger Namens Martin auf, der später den Namen „Thurmmärtel" erhielt. Er ermahnte seine vielliebeu Mitbürger zu Fried' und Eintracht und sprach mit so einfachen und kernigten Worten, daß die löbliche Bürgerschaft und der hohe Rath davon ergriffen wurden. Zuletzt machte er den Vorschlag, auf jede Maß Bier einen Pfenning Aufschlag zu legen und die Erträgnisse zum Thurmbau zu verwenden. Sein Vorschlag ging durch und Mancher soll dem Thurm zu lieb eine Maß Bier mehr getrunken haben. So kam in Forchheim der Bierpfenning auf, der noch besteht, obschon der Thurm schon viele, viele Jahre wieder aufgebaut ist.

8. Plätze, wo es früher umging.

a) Das Nonnenhaus. Bei bestimmten Gelegenheiten erschien eine schwarze Nonne, welche gespensterhaft vor dem Nonnenhause vorüberschlich.

b) **Das Militär-Holzmagazin am Stadtgraben.** Es erschien dem dort stehenden Posten öfter um Mitternacht ein Mann in einen Mantel gehüllt und ging mit ihm, ohne eine Wort zu sprechen, auf und ab. Wie aber der letzte Schlag der Mitternachtsstunde verscholl, war auch der Mann verschwunden. Kein Bajonettstich, kein Schuß verwundete ihn. Wohl aber hat sich mancher Soldat vor Schauer an diesem Platze selbst erschossen.

c) Der eigentliche Stadtgeist war der **Rathhauspöppel.** Er schaute bisweilen aus den oberen Fenstern des Rathhauses mit leuchtenden Augen heraus, oder ging an der Seite der spät Nachts durch die Straßen Ziehenden, ohne ein Wort zu sprechen. Schrecken und Grausen durchdrang dann diese Leute.

Wenn ein Rathsherr starb, rumorte er mit lautem Gepolter, am ärgsten, wenn der Bürgermeister starb, und die Rathhausuhr ließ der Pöppel dann dreizehn schlagen.

Besonders hatte es der Pöppel auf diejenigen Ehemänner abgesehen, welche zu spät vom Wirthshause heimkehrten. Er sprang ihnen auf die Schultern und saß so auf ihnen, bis sie keuchend und von Angstschweiß triefend an ihrem Hause ankamen.

Inhalt.

§.		Seite.
1.	Die Römerzeit	1
2.	Ansiedlung der Slaven im 7. Jahrhunderte . .	2
3.	Religion und Beschäftigung der Slaven . .	4
4.	Entstehung Forchheims	5
5.	Errichtung von Slavenkirchen	5
6.	Forchheim eine Königspfalz	7
7.	Forchheim unter den Carolingern	8
8.	Ludwig das Kind wird dahier zum König gewählt	10
9.	Forchheim in den Jahren 911 bis 1000 . .	11
10.	Kaiser Heinrich II. gründet das Bisthum Bamberg und schenkt das Kammergut Forchheim dem neuen Bisthume	13
11.	König Heinrich IV. wird in Forchheim für abgesetzt erklärt und Rudolph gewählt .	14
12.	Auffallende Witterungsverhältnisse	17
13.	Raspe von Thüringen zerstört 1246 die Königsburg Forchheim	18
14.	Die St. Katharina Hospitalstiftung	19
15.	Heuschreckenschwärme auf Forchheims Fluren .	23
16.	Die Pest in Forchheim im Jahre 1349 . .	28
17.	Pfarrei Forchheim zu einem Collegiatstifte erhoben	30
18.	Siechhaus	31
19.	Seelhaus	32
20.	Lambert von Brunn erbaut das Schloß 1390	35
21.	Bischof Anton sammelt Truppen in Forchheim zur Wiedereroberung Bambergs . . .	37
22.	Die Gemeinde in Forchheim rebellirt. Der Bauernkrieg	38
23.	Bischof Weigand wählt 1525 Forchheim zum Aufenthaltsorte	40

§.		Seite.
24.	Streitigkeiten wegen Kirchen- und Lehenrechte, beendigt 1535	43
25.	Gereonskapelle, errichtet 1537	43
26.	Forchheim vom Markgrafen Albrecht überfallen und geplündert 1552	46
27.	Grausamkeiten der Schweden	49
28.	Die Schweden vor Forchheim 1631	52
29.	Forchheim erhält den General von Schletz zum Festungs-Commandanten 1632	55
30.	Forchheim von den Schweden belagert 1633	56
31.	Forchheim von den Schweden belagert 1634	58
32.	Folgen der Schwedenbelagerung in Forchheim	62
33.	Kirchthurmbrand 1669	66
34.	Das Stauwerk errichtet 1683	66
35.	Franziskanerkloster und Kirche erbaut	66
36.	Forchheim im 7jährigen Kriege	70
37.	Forchheim in den französischen Kriegen	71
38.	Forchheim seit den französischen Kriegen	72
39.	Befestigung Forchheims	74
40.	Nachtrag. Erste Spuren des Christenthums in unseren Gegenden	78
41.	Kunstdenkmäler	80
42.	Einige Forchheimer Sagen:	
	1. Gründung der Stadt	82
	2. Forchheim, Geburtsort des Pontius Pilatus	83
	3. Festungsbau	83
	4. Hundsbrücke	83
	5. Zerstörung des Baiersdorfer Schlosses	84
	6. Der Thurmbrand	84
	7. Wiederaufbau des Thurmes	85
	8. Plätze, wo es früher umging	85

Druckfehler.

Seite. 8, Zeile 17 von oben lies: 879 statt 979.

Seite 78, Zeile 17, statt begonnen lies: mehrere Jahre früher begonnen.

Ergänzungen und Berichtigungen.

Zu §. 6.

Kaiser Karl der Große war öfter in Forchheim, so im Jahre 794, wo er zu Wasser durch die Rednitz und den Main nach Würzburg reiste. Die Abfahrt geschah von Forchheim aus.

Nach dem Kapitular vom Dezember 805 stand Forchheim unter der Aufsicht des Markgrafen der böhmischen Mark Audulf.

Zu §. 7.

Im Jahre 872 ward zu Forchheim eine **Reichs-Versammlung** gehalten, in welcher Ludwig die Theilung des Reiches unter seine Söhne nach seinem Tode zum Ziele getroffen hatte, da er eben Anstalten zu einem Feldzuge gegen die windischen Slaven hatte, das **Heer war bei Forchheim versammelt.** Er ließ seine Söhne Ludwig und Karl die Theilung und den Frieden im Angesichte des Kriegsheeres und der Großen des Reiches beschwören; aber nach diesem feierlichen Schwure zeigten sie es sogleich, daß es ihnen nicht vom Herzen ging; denn Beide, Ludwig und Karl waren nicht zu bewegen, den Feldzug mitzumachen, nur Carlmann zog mit seinem Vater aus. (Siehe Annales Fuld. ad annum 872).

Im Jahre 892 ward unter Arnulph eine Versammlung dahier gehalten, bei welcher die Franken, Bayern und Allemannen erschienen und den Krieg gegen den Mährenherzog Zwentibold beschlossen.

Zu §. 8.

Ludwig das Kind hielt sich sehr oft zu Forchheim auf und besorgte da die Regierungsgeschäfte.

Im Jahre 903 und 905 hielt Ludwig dahier Reichsversammlungen; bei der Reichsversammlung von 905 fanden sich viele Bischöfe und Grafen ein, wie Erzbischof Hatto von Mainz, Adalbero von Augsburg, Tuto von

Regensburg, Dieteloch von Worms. Die Namen der Grafen waren: Counrat, Adalbracht, Eginon, Megenwart, Ludolf u. s. w.

Zu §. 9.

Im Jahre 914 brachte der König Conrad den ganzen Sommer in Forchheim zu.

Im Jahre 961 war Forchheim der Sammelplatz der deutschen Kriegsvölker; von da aus ging der Zug nach Italien. Berengar unterlag, verlor seine Königswürde und kam als Gefangener und Verwiesener mit seiner Gemahlin Wille nach Bamberg; in der Altenburg bei Bamberg wurde er gefangen gehalten, bis er starb.

Von 961 an verliert Forchheim seine bisherige Bedeutung.

Zu §. 13.

Konrad III., welcher im Dome zu Bamberg begraben liegt, hielt 1149 den letzten Fürstentag zu Forchheim. Seit dieser Zeit verschwindet Forchheim vom großen Schauplatz der Geschichte, und zeigt sich uns in der Mitte des 14. Jahrhunderts als ein Bamberg'sches Städtchen (oppidum), das unter dem Amte Reuth stand.

Zu §. 21.

Die Empörer in Bamberg plünderten das Kloster Michelsberg nicht 1433, sondern 1435 gänzlich aus; und den Bann verhängte nicht Innocenz, sondern Eugen IV. am 7. September 1435.

Zu §. 37.

Nicht die Oesterreicher setzten Strullendorf in Brand, sondern es wurde angezündet von den Franzosen bei ihrem Rückzuge unter General Jourdan am 30. August 1796. Das ganze Dorf sammt der Kirche brannte ab und wurde erst 1805 wieder aufgebaut.

www.ingramcontent.com/pod-product-compliance
Lightning Source LLC
Chambersburg PA
CBHW032244080426
42735CB00008B/994